中國典籍日本注釋叢書

孝經卷

1

古文孝經參疏
孝經集覽

[日]中江藤樹　等撰
張培華　編

圖書在版編目(CIP)數據

中國典籍日本注釋叢書·孝經卷 / 張培華編；（日）中江藤樹等撰. — 上海：上海古籍出版社，2021. 5
ISBN 978-7-5325-9956-1

Ⅰ. ①中… Ⅱ. ①張… ②中… Ⅲ. ①古籍-注釋-中國②《孝經》-注釋 Ⅳ. ①Z422②B823.1

中國版本圖書館 CIP 數據核字(2021)第 068204 號

本書影印底本爲日本早稻田大學圖書館所藏

中國典籍日本注釋叢書·孝經卷
（全二册）
張培華　編
[日]中日藤樹　等撰
上海古籍出版社出版發行
（上海瑞金二路 272 號　郵政編碼 200020）
（1）網址：www. guji. com. cn
（2）E-mail：gujil@ guji. com. cn
（3）易文網網址：www. ewen. co
常州市金壇古籍印刷廠有限公司
開本 890×1240　1/32　印張 28.25　插頁 10
2021 年 5 月第 1 版　2021 年 5 月第 1 次印刷
ISBN 978－7－5325－9956－1
B·1206　定價：158.00 元
如發生質量問題，讀者可向工廠調换

《孝經》與日本

——代前言

一

日本與《孝經》的關係十分密切，其程度似乎要比《論語》更深。看上去薄薄的《孝經》，居然會有如此魄力，的確是一個值得深思的課題。

有關《孝經》的傳入，雖然没有《論語》那様明記，但凡是有儒家經書之處，就會發現有《孝經》的身影。毋庸置疑，《日本書紀》載推古天皇十二年（六〇四）聖德太子（五七四—六二二）頒佈的「十七條憲法」，其中第一條裏的「上和下睦」源於《孝經》「民用和睦，上下無怨」。可見《孝經》流入日本也是非常早的。而且值得注意的是，《孝經》常與《論語》平起平坐，其重要位置遠遠超過了《孟子》。比如奈良時代藤原不比等（六五九—七二〇），在《大寶律令》（七〇一）的基礎上，於養老年間修撰的《養老律令》，其中「學令」規定當時大學生攻讀中國典籍專業的書目裡，《孝經》名列《論語》之前：

凡經，《周易》《尚書》《周禮》《儀禮》《禮記》《毛詩》《春秋左氏傳》各爲一經，《孝經》《論語》，學者兼習之。

（《日本思想大系·律令卷》，岩波書店，一九七七，二六三頁）

由上可知，在古代日本，《孝經》的地位，似乎比《孟子》更重要，竟然與《論語》一樣，成爲大學生必修課程之一。按「學令」原文，當時所讀的《孝經》爲以下版本：

孝經孔安國。鄭玄注。

（同上）

以上版本，即所謂「古文孔傳」與「今文鄭注」的兩個底本。根據學者矢島玄亮的考證，截至平安時代中期藤原佐世（八四七—八九七）編撰的《日本國見在書目録》裡，有兩處記載有關《孝經》的書名，一是「孝經家」，二是「異説家」。分别予以摘録如下（書名前原數位記號則予以省略，編撰者不明確的，只録書名）：

孝經家

孝經一卷　孔安國注　梁末亡逸，今疑非古文

孝經一卷　鄭玄注
孝經一卷　蘇擬注
孝經一卷　謝萬集解
孝經一卷　唐玄宗皇帝注
孝經集議二卷　荀茂祖撰
越王孝經廿卷　希古等撰
新撰孝經拾遺一卷
孝經疏三卷　皇侃撰
孝經述議五卷　劉炫撰
孝經去惑一卷　同撰
孝經私記二卷　周弘正撰
孝經正義二卷（邢昺孝經正義三卷）
孝經抄一卷　孔穎達撰
孝經玄一卷
孝經策二卷
孝經疏三卷　元行沖撰
女孝經一卷　班婕妤撰

酒孝經一卷
武孝經一卷

（矢島玄亮，《日本國見在書目録集證與研究》，汲古書院，一九八四，五六—五九頁）

異説家

孝經句命決六卷　宋均注
孝經援神契七卷　同注
孝經援神契意隱一卷　意作音
孝經内事一卷
孝經雄圖三卷
孝經雌圖三卷　上中下
孝經雄雌圖一卷

（同上，六五—六六頁）

相信以上只是一部分而已，因爲尚未收進目録的《孝經》可能還會有，只是未保存下來或是尚未被發現而已。

二

古代日本的《孝經》讀者，之所以注重閲讀《孝經》，概而言之，有三種情況：一是「御讀書始」，二是「御湯殿始」，三是「釋奠」。

所謂「御讀書始」，顧名思義即讀書開始，不過加上「御」字，顯然是表示尊敬之意。其實在古代日本，「御讀書始」則是一個專有名詞，表示天皇家族讀漢籍，即中國典籍的意思。這裡説家族，是包括天皇與皇子或曰親王的意思。即天皇的讀書活動與皇子的讀書啟蒙。一般皇子七歲即舉行「御讀書始」。不過只限於皇子，即親王，作爲皇女内親王則没有如此規矩。可見日本古代，掌握中國典籍的對象，只注重男性。不管是天皇還是皇子，凡「御讀書始」都是由大學博士奉授，且由相當級别的知識分子陪讀，即侍讀。所讀書目，必有《孝經》。其版本爲上文提到的「學令」規定的孔安國傳與鄭玄注本，即古今文《孝經》版本。例如，天長十年（八三三）四月二十三日，有淳和天皇的皇子始讀《孝經》的記載（詳見《續日本後紀》）。此條記録當是日本皇子「御讀書始」的濫觴。再比如，日本貞觀二年（八六〇）二月十日，清和天皇「御讀書始」時，由大學博士大春日雄繼奉授《孝經》的記録（詳見《日本三代實録》）。此項記録當是天皇「御讀書始」使用《孝經》的嚆矢。值得注意的是，自唐玄宗注釋的《御注孝經》傳入日本以後，風行一時，孔安國傳與鄭玄注本《孝經》受到了衝擊。對此日本古代漢文史書之一的《日本三代實録》裡有比較詳細的記載：

哲主之訓，以孝爲基。夫子之言，窮性盡理。即知，一卷《孝經》，十八篇章，六籍之根源，百王之模範也。然此間，「學令」孔、鄭二注爲教授正業，厥其學徒相沿，盛行於世者，安國之注、劉炫之義也。今案：大唐玄宗開元十年，撰《御注孝經》，作《新疏》三卷。以爲，世傳鄭注，比其所注，余義理專非，又稽之鄭志。康成不注《孝經》，安國之本梁亂而亡，今之所傳，出自劉炫，事義紛薈，誦習尤艱，靡厭衆止，更招疑義。故玄宗廣酌儒流，深廻睿想，爲之訓注，冀闡微言。即敕學士儒官，僉議可否。於是，當時有識，碩德名儒咸集廟堂，恭尋聖義，妙理甚深，常情難測，同共嗟伏，服請頌傳。侍中安陽縣男乾曜等奏曰：天文昭爛，洞合幽微，望即流行，儜光來葉。制曰可。然則孔鄭之注，並廢于時，御注之經，獨行於世。而唯傳彼注，未讀件經，假之通論，未爲允愷。鄭孔兩注，即謂非真。御注一本，理當遵行。宜自今以後，立於學官，教授此經，以充試業。庶革前儒必固之失，遵先王至要之源。但去聖久遠，學不厭博。若猶敦孔注，有心講誦，兼聽試用。莫令失望。

（黑板勝美，《日本三代實録》卷四，見《日本國史大系》，吉川弘文館，一九七四）

以上記載爲日本貞觀二年（八六〇）十月十六日。自此以後，有關天皇以及皇子的「御讀書始」的《孝經》，基本上改爲唐玄宗的《御注孝經》了，但依然愛讀古注《孝經》的讀者還是存在的，只不過皇族「御讀書始」，更加注重唐玄宗的《御注孝經》罷了。比如，元慶三年（八七九）四月二十六日，陽成天皇的御讀書始活動，由博士善淵永貞奉授《御注孝經》（詳見《日本三代實録》）。再比如，天曆十年（九五六）村上天皇時代，東宮憲平親王，即八歲的冷泉，於凝華舍舉行「御讀書始」，由式部大輔紀在昌奉授《御注孝經》（參見《兵範記》）。另外天德四年（九六〇）爲平親王於飛香舍舉行御讀書始，由右中辨菅原文時奉授《御注孝經》，事畢後還有設宴作文賦詩的活動（詳見《日本紀略》）。但是康保四年（九六七）八月二十一日，學生十市至明卻在研讀《古文孝經》《論語》準備應試（詳見《類聚符宣抄》）。可見雖有《御注孝經》的衝擊，但依然有人讀古注準備考試，故對《孝經》版本，因人而異，即古注與御注，兼而有之。

接下來看看「御湯殿始」，即另外一個非讀《孝經》不可的場面。「湯殿」的意思是洗澡沐浴的地方。殿則是敬語。所謂「御湯殿始」即皇子誕生之後第一次洗澡，這時必須有人讀中國典籍，一般多爲《孝經·天子章》。不僅僅是皇子出生後第一次洗澡，在未出生之前的一個星期，都得有大學博士等輪流讀中國典籍，如《論語》《史記》《漢書》等等，其中絕對少不了《孝經》。比如，延長元年（九二三）醍醐天皇時代，皇子（後爲第六十一代朱雀天皇）降誕時一個星期，由明經博士和紀傳博士分別輪流誦讀《千字文》《漢書》《古文孝經》《論語》《易經》《尚書》《史記》《毛詩》《左傳》等（參見《西宮記》）。學者林秀一對採用《古文孝經》的版本，感覺稀有。因爲按《日本三代實録》的記載，八六〇年以後，孔安國和鄭玄注的《孝經》以被唐玄宗的《御注孝經》取代，按説當爲《御注孝經》的。比如，寬弘六年（一〇〇九）十一月二十五日，一條天皇時代皇子敦良降誕時，由少辨藤原廣業奉讀《御注孝經・天子章》（詳見《日本紀略》）。由此可見，雖有替代，但實際上古文《孝經》依然被讀，只不過《御注孝經》更加偏重罷了。

第三個非得使用《孝經》的場面是「釋奠」。釋奠乃是從中國傳入日本的一個尊孔祭奠的儀式。在古代日本，一般在二月與八月的上旬左右舉辦釋奠儀式，當日得用《孝經》。比如，貞觀四年（八六二）八月十一日釋奠，由刈田安雄講讀《御注孝經》，由文章生作詩，第二天，由明經博士參與評判（詳見《日本三代實録》）。再比如，貞觀九年（八六七）二月七日釋奠，菅原道真（八四五—九〇三）聽講《孝經》後，且以《孝經》爲題作詩，其序文裡稱「求之於百行，不如此一經者也」（詳見《日本古典文學大系》，川口久雄校注《菅家文草 菅家後集》，岩波書店，一九七一，二二七頁）。另外菅原道真於元慶三年（八七九）二月一日釋奠，聽講《孝經》後，又作詩云：「此是天經即《孝經》，分來聖道滿皇庭。爲臣爲子皆言孝，何啻春風仲月下。」（同上書，一七一頁。）

以上簡要地介紹了古代日本三個必須讀《孝經》的場面。可見薄薄的《孝經》與日本有深厚的關係。

提起古代日本與中國關於《孝經》文化交流時，也許人們會情不自禁地想到下面這段歷史小故事。即中國的鄭注《孝經》失傳，而後，由日本入唐留學僧奝然，攜帶鄭玄注《孝經》一卷，回贈給唐太宗。這件小事記載於中國正史《宋史》的《日本傳》裡：

日本國者，本倭奴國也。自以其國近日所出，故以日本爲名；或云惡其舊名改之也。（中略）大中、光啟、龍德及周廣順中，皆嘗遣僧至中國，《唐書》中、《五代史》失其傳。唐咸亨中及開元二十三年、大曆十二年、建中元年，皆來朝貢，其記不載。

太宗召見奝然，存撫之甚厚，賜紫衣，館于太平興國寺。上聞其國王一姓傳繼，臣下皆世官，因歎息謂宰相曰：「此島夷耳，乃世祚遐久，其臣也繼襲不絶，此蓋古之道也。中國自唐季之亂，宇縣分裂，梁、周五代享曆尤促，大臣世冑，鮮能嗣續。朕雖德慚往聖，常夙夜寅畏，講求治本，不敢暇逸。建無窮之業，垂可久之範，亦以爲子孫之計，使大臣之後世襲禄位，此朕之心焉。」

其國多有中國典籍，奝然之來，複得《孝經》一卷、越王《孝經新義》第十五一卷，皆金縷紅羅標，水晶爲軸。《孝經》即鄭氏注者。越王者，乃唐太宗子越王貞；《新義》者，記室參軍任希古等撰也。奝然複求詣五台，許之，令所過續食；又求印本《大藏經》，詔亦給之。二年，隨台州寧海縣商人鄭仁德船歸其國。

（脱脱，《宋史》卷四九一《外國》七，中華書局，一九七七，一四一三〇—一四一三五頁。）

可見《孝經》猶如一條彩帶，把古代日本與中國系在一塊，實爲難得。

走進當今日本的各大書店，有關《孝經》的書，雖然没有《論語》和老莊那麽多，但也不乏與《孝經》有關的人生哲理的書。薄薄的《孝經》依然被日本人孜孜不倦地閲讀。

三

有關《孝經》的漢文注釋著作，與《論語》一樣，江户時代乃是高峰。儘管早在平安時代就有人對《孝經》作注。比如編撰《日本國見在書目録》的學者藤原佐世曾經有對古今文《孝經》的注釋著作。據學者林秀一的考證，左大臣藤原賴長的《台記》（保延二年［一一三六］至久壽二年［一一五五］的漢文日記），有如下記載：「（古今集注《孝經》者）佐世　我朝博士　所撰也，九卷，其七卷佐世草本也，皆有點也，世之寶物如之。第九卷以朱書云，寬平六年二月二日一勘了，于時謫在陸奥多賀國府。（康治二年五月十四日條下參照）」。可惜此書未能保存下來。能夠見到較早的江户時代的注釋本，主要有以下版本：

例如，林羅山（一五八三—一六五七）的《孝經見聞抄》，中江藤樹（一六〇八—一六四八）的《孝經啟蒙》，熊澤蕃山（一六一九—一六九一）的《孝經小解》，貝原存齋（一六二二—一六九五）的《孝經纂注》，太宰春台（一六八〇—一七四七）的《古文孝經》，片山兼山（一七三〇—一七八二）的《古文孝經孔傳參疏》，山本北山（一七五二—

一八一二)的《孝經樓手抄》《孝經集覽》《較定孝經》，高橋華陽(一七五二—一八三三)的《孝經證》，山本樂所(一七六四—一八四一)的《孝經集傳》，朝川善庵(一七八一—一八四九)的《古文孝經私記》，藤原隆都(生卒年不詳)的《古文孝經攝字注》，川崎也魯齋(一八〇五—一八七六)《孝經參釋》等等。本卷收録中江藤樹的《孝經啟蒙》、貝原存齋的《孝經纂注》、片山兼山《孝經參疏》、山本北山的《孝經集覽》、朝川善庵的《孝經私記》和藤原隆都的《古文孝經攝字注》。

以上六種日本注釋的《孝經》均爲第一次在國内出版，如果能給研究中國古代文化、日本古代文化、以及東亞古代文明的朋友帶來新鮮與方便，那正是編者所期待的且引以爲榮的。限於水準，不妥之處，還望海内外大家賜教雅正。

文學博士　張培華

二〇二一年二月二十八日於東京

目録

《孝經》與日本——代前言……張培華 一

古文孝經參疏 ［日］片山兼山 撰

序……三
凡例……二五
卷上……二九
卷中……八九
卷下……一五九
跋……二三五

孝經集覽 ［日］山本北山 撰

序……二四七
古文孝經序……二五三
孝經序……二六七
卷上……二七一
卷下……三三一

古文孝經參疏

[日]片山兼山 撰

兼山先生著

千里必究

古文孝經參疏

寛政元年
己酉新刻
東京　嵩山房梓

古文孝經孔傳參疏序

先儒以疏顯者。梁有皇保。唐有孔穎達。宋有邢昺。皆以經術宗於一時。其爲詁也。詳悉不遺。委曲有據。諸名家之説。亦得以稽於今。然其説經。一注家之由。唯恐其違。夫先王之文亡於秦火孔門之學。裂於戰國。漢雖開獻書之路。壁藏之餘。伏老之傳。既非孔氏全也。而漢儒不能疑疑闕闕。穿鑿傅會。如塗塗附。踈家隨護其短。遷就為解。亦何無識。安國之於孝經。取辭於經傳。合離成文。視之諸注。猶為近古。先師講業之餘。標其所原。屬山祐夫輯之書未脫稿。溘焉易簀。今茲校讎成。以附梓人。夫先師之於經義。出於其類。拔乎其萃。將以有大成。天不假之年。命哉。此篇雖胥餘相徵以古言。讀者爲準則。推而及諸經。則於先王之道。庶乎其不差矣。

寬政元年己酉秋九月葛山壽謹撰

東都　松檜芳文書

古文孝經孔序參疏

山中祐之輯

兼山先生閱　葛山　壽

荻原萬世　同校

孝經者何也孝者人之高行經常也自有天地人民以來而孝道著矣○行下孟反

疏孝者人之高行○管子形勢解山者物之高者也惠者主之高行也慈者父母之高行也忠者臣之高行也孝者子婦之高行也○經常也○左傳昭二十五年子大叔曰夫禮天之經也地之義也民之行也杜注經者道之常義者利之宜行者人所履術

上有明王則

大化滂流充塞六合若其無也則斯道滅息

當吾先君孔子之世周失其柄諸侯力爭○滂普光反塞先北反

疏 諸侯力爭○列子說符篇秦王曰當今諸侯力爭所務兵食而已不用仁義治吾國是滅亡之道左傳襄二十六年師曠曰公室懼卑臣不心競而力爭不務德而爭善私欲已侈能無卑乎

道德既隱禮誼又廢至乃

臣弑其君子弑其父亂逆無紀莫之能正弑施志反下同

疏 乇乃主能正○周易文言傳積善之家必有餘慶積不善之家必有餘殃臣弑其君子弑其父非一朝一夕之故其所由來者漸矣管子法法篇凡人君之所以爲君者勢也故人君失勢則臣制之矣勢在下則君制於臣矣勢在上則臣制於君矣

故君臣之易位勢在下也在臣期年臣雖不忠君不能奪也在子期年子雖不孝父不能服也故春秋之記臣有弑其君子有弑其父者衆孟子滕文公篇世衰道微邪說暴行有作臣弑其君者有之子弑其父者有之

是以夫子每於閒居而歎述古之孝道也夫子敷先王之教於魯之洙泗○閒音閑數芳無反洙音殊泗音四

疏洙泗○禮記檀弓篇曾子曰商女何無罪也吾與女事夫子於洙泗之閒退而老於西河之上使西河之民疑女於夫子爾罪一也史記魯世家大史公曰余聞孔子稱曰甚矣魯道之衰也洙泗之閒齗齗如也

門徒三千而達者七十有二也○有音又下有二同

疏門徒至二也○家語七十二弟子解夫子弟子七十二人皆升堂入室者又本姓解孔子生於

衰周先王典籍錯亂無紀而乃論百家之遺記考正其義祖述堯舜憲章文武刪詩述書定禮理樂制作春秋讚明易道垂訓後嗣以爲法式其文德著矣然凡所教誨束脩以上三千餘人

貫首弟子顏回閔子騫冉伯牛仲弓性也至孝之自然皆不待諭而寤者也○騫起虔反

疏　貫首至者也○後漢書邊讓傳蔡邕深敬讓以爲讓宜處高任迺薦於何進曰願明將軍回謀垂慮裁加少納貢之機密展之力用若以年齒爲嫌則顏回不得貫德行之首子奇終無阿宰之功苟堪其事古今一也漢書任敖傳淮南王安好術學折節下士招致英雋以百數被爲冠首論語先進篇子曰從我於陳蔡者皆不及門也德行顏淵閔子騫冉伯牛仲弓言語宰我子貢政事冉有季路文學子游子夏

其餘則悱悱

憤憤若存若亡○悱芳匪反憤房粉反疏其餘至若亡○論語述而篇子曰不憤不啓不悱不發擧一隅而示之不以三隅反則吾不復也老子四十一章上士聞道勤而行之中士聞道若存若亡下士聞道大笑之不笑不足以爲道唯曾參躬行匹夫之孝而未達天子諸侯以下揚名顯親之事因侍坐而諮問焉故夫子告其誼於是曾子喟然知孝之爲大也遂集而錄之○名曰孝經與五經竝行於世○參所金反坐才臥反喟苦位反疏五經○陸賈新語術事篇校修五經之本末道德之眞僞既其意而不見其人世俗以爲自古而傳之者爲重以今之作者爲輕淡於所見甘於所聞漢書藝文志

古之學者耕且養三年而通一藝存其大體玩經文而已是故用日少而畜德多三十而五經立也白虎通五經篇經所以有五何經常也有五常之道故曰五經樂仁書義禮禮易智詩信也人情有五性懷五常不能自成是以聖人象天五常之道而明之以教人成其德也五經何謂易尚書詩禮春秋也

逮乎六國學校衰廢及秦始皇焚書坑儒孝經由是絕而不傳也○逮大計反又音代下同校戶孝反焚扶云反坑苦庚反

疏 焚書坑儒○史記始皇本紀丞相臣斯昧死言古者天下散亂莫之能一是以諸侯並作語皆道古以害今飾虛言以亂實人善其所私學以非上之所建立臣請史官非秦記皆燒之非博士官所職天下敢有藏詩書百家語者悉詣守尉雜燒之有敢偶語詩書棄市以古非今者族吏見知不舉者

與同罪令下三十日不燒黥為城旦所不去者醫藥卜筮種樹之書若欲有學法令以吏為師制曰可又曰始皇怒曰吾前收天下書不中用者盡去之悉召文學方術士甚多欲以興太平方士欲練以求奇藥今聞韓衆去不報徐市等費以巨萬計終不得藥徒姦利相告日聞盧生等吾尊賜之甚厚今乃誹謗我以重吾不德也諸生在咸陽者吾使人廉問或為訞言以亂黔首於是使御史悉案問諸生諸生傳相告引乃自除犯禁者四百六十餘人皆坑之咸陽使天下知之以懲後尚書孔序曰及秦始皇滅先代典籍焚書坑儒天下學士逃難解散我先人用藏其家書于屋壁漢室龍興開設學校旁求儒雅以闡大猷

至漢興建元之初河間王得而獻之凡十八章文字多誤博士頗以教授

疏 至漢至教授○漢書

河間獻王傳河間獻王德以孝景前二年立修學好古實事求是從民得善書必爲好寫與之留其眞加金帛賜以招之繇是四方道術之人不遠千里或有先祖舊書多奉以奏獻王者故得書多與漢朝等是時淮南王安亦好書所招致率多浮辯獻王所得書皆古文先秦舊書周官尚書禮禮記孟子老子之屬皆經傳說記七十子之徒所論其學舉六藝立毛氏詩左氏春秋博士修禮樂被服儒術造次必於儒者山東諸儒者從而遊立二十六年薨諡曰獻王

後魯共王使人壞夫子講堂於壁中石函得古文孝經二十二章載在竹牒其長尺有二寸字科斗形 ○共音恭壞音怪牒徒協反長直亮反

疏 魯共至斗形 ○漢書藝文志武帝末魯共王壞孔子宅欲以廣其宮而得古文尚書

及禮記論語孝經凡數十篇皆古字也魯三老孔子惠抱詣京師獻之天子天子使金馬門待詔學士與博士羣儒從隸字寫之還子惠一通以一通賜所幸侍中霍光光甚好之言爲口實○好呼報反下所

疏 口實○尚書仲虺之誥篇成湯放桀于南巢惟有慙德曰予恐來世以台爲口實時王公貴人咸神祕焉比於禁方天下競欲求學莫能得者每使者至魯輒以人事請索或好事者募以錢帛用相問遺○使色吏反索所白反遺唯季反

疏 以人事請索○後漢書黄瓊傳權富子弟多以人事得舉而貧約而

乎志者以窮退見遺魏志明帝紀孔桂私受西域貨賂許爲人事事發有詔收問遂殺之又杜恕上疏曰陛下患臺閣禁令之不密人事請屬之不絕晉書郤詵傳古之官人君責之於上臣舉之於下得其人有賞失其人有罰安得不求賢乎今之官者父兄營之親戚助之有人事則通無人事則塞安得不求賢乎○好事者○孟子萬章篇萬章問曰或謂孔子於衛主癰疽於齊主侍人瘠環有諸乎孟子曰否不然也好事者爲之也

魯吏有至帝都者無不齎持以爲行路之資故古文孝經初出於孔氏而今文十八章諸儒各任意巧說分爲數家之誼淺學者以當六經○數色主反

疏○六經○莊子天運篇孔子謂老聃曰丘治詩書禮樂易春秋六經自

以爲久矣孰知其故矣史記天官書幽厲以往尚矣所見天變皆國殊窟穴家占物怪以合時應其文圖籍禨祥不法是以孔子論六經紀異而說不書漢書藝文志哀帝使向子侍中奉車都尉歆卒父業歆於是總羣書而奏其七畧故有輯畧有六藝畧有諸子畧有詩賦畧有兵書畧有術數畧有方技畧今刪其要以備篇籍又儒林傳古之儒者博學虖六藝之文六學者王教之典籍先聖所以明天道正人倫致至治之成法也其大

車載不勝反云孔氏無古文孝經欲矇時人度其爲說誣亦甚矣吾慜其如此發憤精思爲之訓傳悉載本文萬有餘言朱以發經墨以起傳勝音升矇音蒙度待洛反思息嗣反有音又傳直戀反下皆同

疏

發憤精思○論語述而篇葉公問孔子於子路子路不對子曰女奚不曰其爲人也發憤忘食樂以忘憂不知老之將至云爾○朱以發經○魏志王朗傳裴注引魏略云董遇善治老子爲老子作訓注又善左氏傳更爲作朱墨別異庶後學者覩正誼之有在也今中祕書皆以魯三老所獻古文爲正河間王所上雖多誤然以先出之故諸國往往有之漢先帝發詔稱其辭者皆言傳曰其實今文孝經也上時掌反

疏皆言傳曰按班固漢書及荀悅漢紀高惠文景詔莫謂孝經言侍曰者唯翟方進傳成帝賜方進之策書有之曰君何持容容之計無忠固意將何以輔朕師道羣下而欲久蒙顯尊之位豈不難哉

傳曰高而不危所以長守貴也欲退君位尚未恐君其孰念詳計塞絕姦原憂國如家務使百姓以輔朕論語序邢昺正義亦引此爲證昔吾逮從伏生論古文尚書誼時學士會云出叔孫氏之門自道知孝經有師法其說移風易俗莫善於樂謂爲天子用樂省萬邦之風以知其盛衰衰則移之以貞盛之教淫則移之以貞固之風皆以樂聲知之知則移之故云移風易俗莫善於樂也又師曠云吾驟歌南風多死聲楚必無功即其類也○省息井反驟仕救反

疏○又師至類也○左傳襄十

八年楚師伐鄭涉於魚齒之下甚雨及之楚師多凍役徒幾盡晉人聞有楚師師曠曰不害吾驟歌北風又歌南風南風不競多死聲楚必無功

且曰庶民之愚安能識音而可以樂移之乎當時衆人僉以爲善吾嫌其說迂然無以難之後推尋其意殊不得爾也子游爲武城宰作絃歌以化民武城之下邑而猶化之以樂○難乃曰文

疏

子游主以樂○論語陽貨篇子之武城聞絃歌之聲夫子莞爾而笑曰割雞焉用牛刀子游對曰昔者偃也聞諸夫子曰君子學道則愛人小人學道則易使也子曰二三子偃之言是也前言戲之耳

故傳曰夫樂以關山川之風以曜德於

云雲龍興龍興集

廣遠風德以廣之風物以聽之脩詩以詠之修禮以節之○夫音扶下同風德福鳳反下風物同 疏 故傳至節之○國語晉語平公說新聲師曠曰公室其將卑乎君之明兆於衰矣夫樂以開山川之風以耀德於廣遠也風德以廣之風山川以遠之風物以聽之脩詩以詠之脩禮以節之夫德廣遠而有時節是以遠服而邇不遷 又曰用之邦國焉用之鄉人焉此非唯天子用樂明矣 疏 又曰至明矣○毛詩大序云周公作樂用之鄉人焉用之邦國或謂之房中之樂者后妃夫人侍御於其君子女子歌之以節義序故耳 夫雲集而龍興虎嘯而風起物之相感有自然者不可謂毋也○毋音無 疏 龍興虎嘯

○周易文言傳同聲相應同氣相求水流濕火就燥雲從龍風從虎淮南子天文訓虎嘯而谷風至龍舉而景雲屬胡笳吟動馬蹀而悲黃老之彈嬰兒起舞庶民之愚愈於胡馬與嬰兒也何爲不可以樂化之經又云敬其父則子說敬其君則臣說而說者以爲各自敬其爲君父之道臣子乃說也余謂不然君雖不君臣不可以不臣父雖不父子不可以不子蹀徒協反說臣說乃說並音悅

疏 君雖至不子○管子形勢篇君不君則臣不臣父不父則子不子上失其位則下踰其節上下不和令乃不行若君父不敬其爲君

父之道則臣子便可以忿之邪此說不通矣

吾爲傳皆弗之從焉也○忿芳吻反邪音耶

孔序終

凡例

一古文孝經二十二章。孔安國作之傳。字字有所蔕根。不自我作古。今作之疏畧傚正義家式。而不詳說其義。蓋在知其所本由。

一關係傳文者。及魏晉六朝。收載以備比考。

一此傳與尚書傳。詳畧異。方世以爲疑。一

是一非。誰知其極。先儒之託名古賢多有之。比視疏中所援引。是非亦有所歸。要采其所長。不問其名可。

一諸所引徵。文異而意同者。掇而備考。書異而義同者。不重載。而曰某篇亦同。

一所引書次。以切傳義者爲先。不必拘時歷先後。

一異同誤訛。脫落艱澀。不可讀者。揭之標

考

一音義從太宰氏之舊

古文孝經孔傳參疏卷之上

山中祐之輯

兼山先生閲　葛山壽

萩原萬世　同校

開宗明誼章第一

○經一百二十九字

仲尼閒居，曾子侍坐。

傳 仲尼者孔子字也凡名有五品有信有誼有象有假有類以名生爲信以德名爲誼以類名爲象取物爲假取父爲類○間音閑坐才卧反

疏 凡名生爲類○左傳桓六年九月丁卯子同生

公問名於申繻對曰名有五有信有義有象
有假有類以名生爲信以德命爲義以類命
爲象取於物爲假取於父爲類不以國不以
官不以山川不以隱疾不以畜牲不以器幣
周人以諱事神名終將諱之故以國則廢名
以官則廢職以山川則廢主以畜牲則廢祀
以器幣則廢禮晉以僖公廢司徒宋以武公
廢司空先君獻武廢二山是以大物不可以
命公曰是其生也與吾同物命之曰同

傳 仲尼首上汚似尼丘山故名曰丘而字仲尼汚烏華反

疏 仲尼至仲尼○史記孔子世家孔子生魯昌平鄉陬邑其先宋人也曰孔防叔防叔生伯夏伯夏生叔梁紇紇與顏氏女野合而生孔子禱於尼丘得孔子魯襄公二十二年孔子生生而首上圩頂故因名曰丘字仲尼姓孔氏丘生而叔梁紇死葬於防山

傳 孔子者男子

之通稱也仲尼兄伯尼閒居者靜而思道也

曾子者男子之通稱也名參其父曾點亦孔子弟子也○參所金反稱尺證反

疏 仲尼兄伯尼○家語本姓解叔梁紇生孟皮孟皮一字伯尼有足病於是乃求婚於顏氏○閒居者靜而思道也○荀子解蔽篇耳目之欲接則敗其思蚊虻之聲聞則挫其精是以闢耳目之欲而遠蚊虻之聲閑居靜思則通○曾點亦孔子弟子也○家語七十二弟子解曾點曾參父字子晳疾時禮教不行欲修之孔子善焉論語所謂浴乎沂風乎舞雩之下

傳 侍坐承事左右問道訓也

疏 承事左右○禮記檀弓篇事師無犯無隱左右就養無方服勤至死心喪三年

子曰參先王有至德要道以訓天

中庸天下之達道五曰君臣也父子也夫婦也昆弟也朋友之交也
子思子曰孝者所存之道孝情之也
矣推度於孝者至於治國平天下之道也

下。傳子孔子也師一而已故不稱姓先王先聖王也至德孝德也孝生於敬敬者寡而說者衆故謂之要道也訓教也道者扶持萬物使各終其性命者也施於人則變化其行而之正理故道在身則言自順而行自正事君自忠事父自孝與人自信應物自治。○參所金反下同說音悅行下孟反下而行同治直吏反

疏道者至自治。○管子形勢解道者扶持衆物使得生育而各終其性命者也故或以治鄉或以治國或以治天下故曰道之所言者一也而用之者異聞道而以治一鄉親其父子順其兄弟正其習俗使民樂其上安其土

山子云一謂之要道下猶或云一當作則要字衍

傳 一人用之不聞有餘天下行之不聞不足小取焉小得福大取焉大得福天下行之而天下服

疏 一人至下服○管子白心篇道者一人用之不聞有餘天下行之不聞不足此謂道矣小取焉則小得福大取焉則大得福盡行之而天下服

傳 是以總而言之一謂之要道別而名之則謂之孝弟仁誼禮忠信也○別彼列反弟大計反民用和睦上下亡怨女知之乎

傳 言先王行要道奉理則遠者和附近者睦親也○亡音無女音汝下同

疏 言先至奉理○管子君臣篇別交正分之謂理順理而不失之謂道道德定而民有軌矣又明法解

先王之治國也不濫意於法之外明主之治
國也案其當宜行其正理故其當賞者羣臣
不得辭也其當罰者羣臣不敢避也○則遠
至親也○又形勢解明主之使遠者來而近
者親也爲之在心所謂夜行者心行也能心
行德則天下莫能與之爭矣故曰唯夜行者
獨有之乎**傳**所謂率己以化人也廢此二誼則萬
姓不協父子相怨其數然也問曾子女寧知
先王之以孝道化民之若此也曾子辟席曰
參不敏何足以知之乎。**傳**敏疾也曾子下席
而跪稱名答曰參性遲鈍見誼不疾何足辱
以知先王要道乎葢謙辭也凡弟子請業及

師之問皆作而離席也○辟音避離力智反疏凡弟至席也○禮記曲禮篇侍坐於先生先生問焉終則對請業則起請益則起又曰侍坐於君子君子問更端則起而對管子弟子職篇受業之紀必由長始一周則然其餘則否始誦必作其次則已

子曰夫孝德之本也教之所繇生也

傳孝道者乃立德之本基也教化所從生也德者得也○夫音扶繇音由

疏德者得也○禮記樂記篇不知聲者不可與言音不知音者不可與言樂知樂則幾於禮矣禮樂皆得謂之有德德者得也又鄉飲酒義篇禮以體長幼曰德德也者得於身也故曰古之學術道者將以得身也是故聖人務焉管子心術篇德者道之舍物得以生故德者得也得也者其謂所得以然也以無為之謂

道舍之之謂德故道之與德無間故言之者不別也間之理者謂其所以舍也韓非子解老篇德者內也得者外也上德不德言其神不淫於外也神不淫於外則身全身全之謂德德者得身也凡德者以無爲集以無欲成以不思安以不用固爲之欲之則德無舍德無舍則不全用之思之則不固不固則無功

傳　天地之道得則日月星辰不失其敘寒燠雷雨不失其節人主之化得則羣臣同其誼百官守其職萬姓說其惠來世歌其治父母之恩得則子孫和順長幼相承親戚歡娛姻族敦睦道之美莫精於德也○燠於六反說音悅治直吏反長丁丈反娛音虞

疏　天地至德也○

管子形勢解天覆萬物制寒暑行日月次星辰天之常也治之以理終而復始主牧萬民治天下莅百官主之常也治之以法終而復始和子孫屬親戚父母之常也治之以義終而復始敦敬忠信臣下之常也以事其主終而復始愛親善養思敬奉教子婦之常也以事其親終而復始故天不失其常則寒暑得其時日月星辰得其序主不失其常則羣臣得其義百官守其事父母不失其常則子孫和順親戚相驩臣下不失其常則事無過失而官職政治子婦不失其常則長幼理而親疏和故用常者治失常者亂天未嘗變其所以治也故曰天不變其常禮記樂記篇天地之道寒暑不時則疾風雨不節則饑教者民之寒暑也教不時則傷世事者民之風雨也事不節則無功

復坐吾語女

【傳】將開大道欲其審聽故令還復本坐而後

語之夫辟席答對弟子執恭告令復坐師之恩恕也○坐才卧反傳同語魚據反傳同令力呈反下同夫音扶辟音避身體髮膚受之父母不敢毀傷孝之始也

傳 本其所由也人生稟父母之血氣情性相通分形異體能自保全而無刑傷則其所以爲孝之始者也

疏 稟父母之血氣○關尹子四符篇生者一爲父故受氣於父氣爲水二爲母故受血於母血爲火○情性相通分形異體○呂子精通篇周有申喜者亡其母聞乞人歌於門下而悲之動於顏色謂門者內乞人之歌者自覺而問焉曰何故而乞與之語蓋其母也故父母之於子也子之於父母也一體而兩分同氣而異息若草莽

之有華實也若樹木之有根心也雖異處而相通隱志相及痛疾相救憂思相感生則相歡死則相哀此之謂骨肉之親神出於忠而應乎心兩精相得豈待言哉文選曹植求自試表臣敢陳聞於陛下者誠與國分形同氣憂患共之者也晉書孝友傳序夫天倫之重共氣分形心睽則葉頴荊枝性合則華承棣蕚○能自保全而無刑傷○禮記祭義篇樂正子春下堂而傷其足數月不出猶有憂色門弟子曰夫子之足瘳矣數月不出猶有憂色何也樂正子春曰善如爾之問也善如爾之問也吾聞諸曾子曾子聞諸夫子曰天之所生地之所養無人爲大父母全而生之子全而歸之可謂孝矣不虧其體不辱其身可謂全矣

傳 是以君子之道謙約自持居上不驕處下不亂推敬能讓在衆不爭故遠於咎悔

而無凶禍之災焉也。處昌呂反推吐雷反遠于萬反 疏 推敵

能讓○國語周周語襄公有疾召頃公而告之曰必善晉周將得晉國其行也文能文則得天地天地所胙小而後國內敬文之恭也忠文之實也信文之孚也仁文之愛也義文之制也知文之輿也勇文之帥也教文之施也孝文之本也惠文之慈也讓文之材也象天能敬帥意能忠思身能信愛人能仁利制能義事建能知帥義能勇施辯能教昭神能孝慈和能惠推敵能讓此十十者夫子皆有焉

立身行道揚名於後世以顯父母孝之終也。

傳 立身者立身於孝也束脩進德志邁清風遊于六藝之場蹈乎無過之地乾乾日競夙夜匪解行其孝道聲

譽宣聞父母尊顯於當時子孫光榮於無窮

此則孝之終竟也○解佳賣反聞如字又音問

疏

立身者立身於孝也○管子禁藏篇夫物有多寡而情不能等事有成敗而意不能同行有進退而力不能兩也故立身於中養有節宮室足以避燥濕飲食足以和血氣家語六本篇孔子曰行己有六本焉然後爲君子也立身有義矣而孝爲本○束脩進德○說苑脩文篇冠者所以別成人也脩德束躬以自申飭所以檢其邪心守其正意也漢書王莽傳陳崇奏曰竊見安漢公自初束脩値世俗隆奢麗之時蒙兩宮厚骨肉之寵被諸父赫赫之光財饒埶足亡所牾意然而折節行仁克心履禮拂世矯俗確然特立後漢書王龔傳李固爲大將軍梁商從事中郎乃奏記於商曰太尉王公束脩厲節敦樂藝文不求苟得不爲苟行又

見伏湛鄭均劉般等傳晉書虞喜傳內史何充上疏曰伏見前賢良虞喜天挺貞素高尚邈世束脩立德皓首不倦○志邁清風○晉書忠義傳序曰烈士不愛其存故能守鐵石之深衷厲松筠之雅操見貞心於歲暮勁節於嚴風又曰張禕引鴆以全節王諒斷臂以厲忠莫不志烈秋霜精貫白日足以激清風於萬古厲薄俗於當年者歟又戴逵傳王珣上疏曰逵執操貞厲含味獨游年在耆老清風彌劭又范弘之傳弘之與王珣書曰尊大君以殷侯協契忠規同戴王室志厲秋霜誠貫一時○遊于六藝之場○論語述而篇子曰志於道據於德依於仁遊於藝何晏曰藝六藝也不足據依故曰遊史記司馬相如傳上林賦游乎六藝之圃鶩乎仁義之塗文選班孟堅荅賓戲曰婆娑乎術藝之場休息乎篇籍之圃以全其質而發其文又吳質荅魏太子牋曰優游典籍之場休息篇章之圃

發言窮理盡微摘藻下筆鸞龍之文奮矣漢書藝文志六藝之文樂以和神仁之表也詩以正言義之用也禮以明體明者著見故無訓也書以廣聽知之術也春秋以斷事信之符也五者蓋五常之道相須而備而易爲之原○蹈于無過之地○禮記禮運篇天生時而地生財人其父生而師教之四者君以正用之故君者立於無過之地也文選吳質答魏太子牋曰但欲保身勑行不蹈有過之地以爲知己之累耳○乾乾日競○周易乾九三爻君子終日乾乾夕惕若厲无咎象曰終日乾乾反復道也○夙夜匪解○詩大雅烝民篇既明且哲以保其身夙夜匪解以事一人○行其至竟也○管子形勢解中情信誠則名譽美矣修行謹敬則尊顯附矣中無情實則名聲惡矣修行慢易則汚辱生矣夫

孝始於事親中於事君終於立身。

傳言孝行

之非一也以事親言之其爲孝也非徒不毀傷父母之遺體而已故略於上而詳於此互相備矣禮男始生則使人執桑弧蓬矢射天地四方示其有事是故自生至于三十則以事父母接兄弟和親戚睦宗族敬長老信朋友爲始也○夫音扶行下孟反射食亦反長丁丈反

疏　禮男至有事○禮記內則篇子生設弧於門左女子設帨於門右三日始負子男射女否又射義篇男子生桑弧蓬矢六以射天地四方天地四方者男子之所有事也故必先有志於其所有事

傳　四十以往所謂中也仕服官政行其典誼

奉法無貳事君之道也疏四十至官政○禮記內則篇子能食

食教以右手能言男唯女俞男鞶革女鞶絲六年教之數與方名七年男女不同席不共食八年出入門戶及即席飲食必後長者始教之讓九年教之數日十年出就外傳居宿於外學書計衣不帛襦袴禮帥初朝夕學幼儀請肄簡諒十有三年學樂誦詩舞勺成童舞象學射御二十而冠始學禮可以衣裘帛舞大夏惇行孝弟博學不教內而不出三十而有室始理男事博學無方孫友視志四十始仕方物出謀發慮道合則服從不可則去五十命為大夫服官政七十致事○行其典誼○周易上繫辭聖人有以見天下之動而觀其會通以行其典禮○奉法無貳○管子明法解奉主法治竟內使彊不凌弱衆不暴寡萬民驩盡其力而奉養其主此吏之所以為功也匡主之過救主之失明理義以道其

孝經注疏　二

主主無邪僻之行蔽欺之患此臣之所以爲功也又曰令行禁止主之分也奉法聽從臣之分也故君臣相與高下之處也如天之與地也又白心篇和以反中形性相葆一以無貳是謂知道將欲服之必一其端而固其所守左傳成十六年欒武子曰子叔嬰齊奉君命無私謀國家不貳圖其身不忘其君

傳 七十老致仕縣其所仕之車置諸廟永使子孫鑒而則焉立身之終其要然也○縣音玄

疏 七十老致仕○尚書大傳略說篇大夫七十而致仕退老歸其鄉里大夫爲父師士爲少師家語曲禮公西赤問篇公西赤問於孔子曰大夫以罪免卒其葬也如之何孔子曰大夫廢其事終身不仕死則葬之以士禮老而致仕者死則從其列禮記曲禮篇大夫七十而致事若不得謝則必賜之几杖行役以婦人

適四方乘安車自稱曰老夫於其國則稱名
越國而問焉必告之以其制又王制篇五十
而爵六十不親學七十致政白虎通致仕篇
臣七十懸車致仕者臣以執事趨走爲職七
十陽道極耳目不聰明跛踦之屬是以退去
避賢者所以長廉恥也懸車示不用也致仕
者致其事於君君不使自去者尊賢者也故
曲禮大夫七十而致仕王制曰七十致政卿
大夫老有盛德者留賜之几杖不備之以筋
力之禮在家者三分其祿以一與之所以厚
賢也人七十卧非人不溫適四方乘安車與
婦人俱自尊曰老夫曲禮曰大夫致仕若不
得謝則必賜之几杖王記曰臣致仕於君者
養之以其祿之半几杖所以扶助衰也故王
制曰五十杖於家六十杖於鄉七十杖於國
八十杖於朝臣老歸年九十君欲有問則就
其室以珍從明尊賢也故禮祭義曰八十不
仕朝於君問就之大夫老歸死以大夫禮葬

車馬衣服如之何曰盡如故也○懸其所仕之車○漢書薛廣德傳廣德爲御史大夫凡十月免東歸沛沛太守迎之界上沛以爲榮懸其安車傳子孫師古注懸其所賜安車以示榮幸也致仕懸車亦古法公羊傳桓五年何注曰禮七十懸車致仕疏曰按春秋說文謂之懸輿者淮南子曰日至於悲谷是謂晡時至於淵隅是謂高舂至於連石是謂下舂至於悲泉爰止其女爰息其馬是謂懸輿舊說云日在懸輿一日之暮人年七十亦一世之暮而致其政事於君故曰懸輿致仕也亦有作車字者魏志徐宣傳宣曰七十有縣車之禮今已六十八可以去矣

大雅云。亡念爾祖聿脩其德

傳

大雅者美文王之德也無念念也聿述也言當念其先祖而述脩其德也斷章取誼上下

相成○亡音無斷音短疏大雅至德也○詩大雅文王篇王之藎臣無念爾祖毛傳無念念也又曰無念爾祖聿脩厥德毛傳聿述也鄭箋云既述脩祖德○斷章取義○左傳襄二十八年慶舍之士謂盧蒲癸曰男女辨姓子不辟宗何也曰宗不余辟余獨焉辟之賦詩斷章余取所求焉惡識宗

傳所以終始孝道不以敢解倦者以爲人子孫懼不克昌前烈負累其先祖故也○解佳賣反累劣僞反疏克昌前烈○尚書武成篇惟先王建邦啓土公劉克篤前烈至于大王肇基王迹王季其勤王家詩周頌雝篇燕及皇天克昌厥後綏我眉壽介以繁祉既右烈考亦右文母

天子章第二○經五十三字

子曰愛親者不敢惡於人。**傳** 謂内愛己親而外不惡於人也。夫兼愛無遺是謂君心。上以順教則萬民同風，旦暮利之則從事勝任也。

○惡烏路反。夫音扶。勝音升。**疏** 夫兼至任也○管子版法篇：兼愛無遺是謂君心。必先順教萬民鄉風，旦暮利之衆乃勝任。解曰：凡人君者欲衆之親上鄉意也，欲其從事之勝任也。而衆者不愛則不親，不親則不明。不教順則不鄉意。是故明君兼愛以親之，明教順以道之，便其勢，利其備，愛其力而勿奪其時以利之。如此則衆親上鄉意，從事勝任矣。故曰兼愛無遺是謂君心，必先順教萬民鄉風，旦暮利之衆乃勝任。

敬親者不敢慢於人。**傳** 謂内敬其親而外不慢於人所以爲至德也其至德以和天下而長幼之節肅焉尊卑之序辨焉是故不遺老忘親則九族無怨爵授有德則大臣興誼祿與有勞則士死其制任官以能則民上功刑當其罪則治無詭帥士以民之所載則上下和舉治先民之所急則衆不亂常行斯道也故國有紀綱而民知所以終始之也○長丁丈反上與尚同帥所律反載音戴舉治直吏反

疏

是故至之也○管子問篇爵授有德則大臣興義祿予有功則士輕死節上帥士以人之所戴則上下和授事以能則人上功審刑當罪則人不易訟無

亂社稷宗廟則人有所宗毋遺老忘親則大臣不怨舉知人急則衆不亂行此道也國有常經人知終始此覇王之術也愛敬盡於事親然後德教加於百姓刑於四海傳刑法也百姓被其德四海法其教故身者正德之本也治者耳目之詔也立身而民化德正而官辦安危在本治亂在身故孝者至德要道也有其人則通無其人則塞也○叛皮義反治直吏反塞先北反疏故身至道也○管子君臣篇主身者正德之本也官治者耳目之制也身立而民化德正而官治治官化民其要在上是故君子不求於民是以上及下之事謂之矯下及上之事謂之勝爲上而矯悖

也爲下而勝逆也國家有悖逆反逆之行有土生民者失其紀也○有其至塞也○又君臣篇道者誠人之姓也非在人也而聖王明君善知而道之者也是故治民有常道而生財有常法道也者萬物之要也爲人君者執要而待之則下雖有姦僞之心不敢殺也夫道者虛設其人在則通其人亡則塞者也非茲是無以理人非茲是無以生財民治財育其福歸於上是以知明君之重道法而輕其國也

葢天子之孝也

傳

葢者稱辜較之辭也又陳其大綱則綱目必舉天子之孝道不出此域也○較古岳反

疏

葢者稱辜較之辭也○家語入官篇君子南面臨官大域之中而公治之王注大域猶辜較也史記律書世儒闇於大較不權輕重猥云德化索隱曰大較大法也漢書翟方進傳貴戚近臣

子弟賓客多辜權爲姦利者○陳其大綱則綱目必舉○淮南子繆稱訓成國之道工無僞事農無遺力士無隱行官無失法譬若設網者引其綱而萬目開矣鄭玄詩譜叙曰欲知源流清濁之所處則循其上下而省之欲知風化芳臭氣澤之所及則傍行而觀之此詩之大綱也舉一綱而萬目張解一卷而衆篇明於力則鮮於思則寡其諸君子亦有樂於是與

呂刑云一人有慶兆民賴之

傳 呂刑尚書篇名也呂者國名四嶽之後也

疏 呂刑○史記周穆王本紀甫侯言於王作修刑辟命曰甫刑○呂者國名四嶽之後也○左傳莊二十二年周史有以周易見陳侯者陳侯使筮敬仲遇觀之否曰是謂觀國之光利用賓于王此其代陳有國乎不在此其在異國若在異國必姜姓也姜大嶽之後也杜注姜姓之先爲

堯，四嶽國語周語共工之從孫四岳佐禹胙四岳國命爲侯伯賜姓曰姜氏曰有呂謂其能爲禹股肱心膂以養物豐民人也史記齊太公世家太公望呂尚者東海上人其先祖嘗爲四嶽佐禹平水土甚有功虞夏之際封於呂或封於申姓姜氏夏商之時申呂或封枝庶子孫或爲庶人尚其後苗裔也本姓姜氏從其封姓故曰呂尚詩崧高篇維嶽降神生甫及申毛傳嶽四嶽也東嶽岱南嶽衡西嶽華北嶽恒堯之時姜氏爲四伯掌四嶽之祀述諸侯之職於周則有甫有申有齊有許也鄭箋四嶽卿士之官掌四時者也因主方嶽巡守之事在堯時姜姓爲之德當嶽神之意而福興其子孫歷虞夏商世有國土周之甫也申也齊也許也皆其苗冑

【傳】爲諸侯相穆王訓夏之贖刑以告四方○相息亮反夏戶雅反贖神蜀反

【疏】爲諸侯相穆王○尚

書、呂刑正義鄭玄曰呂侯受王命入爲三公引書說云周穆王呂侯爲相○訓夏之贖刑○尚書呂刑小序呂命穆王訓夏贖刑作呂刑

傳 一人謂天子也慶善也十億爲兆言天子有善德兆民賴其福也

疏 十億爲兆○尚書五子之歌孔傳曰十萬曰億十億曰兆禮記內則鄭注曰萬億曰兆天子曰兆民諸侯曰萬民正義曰萬億曰兆者依如算法億之數有大小二法其小數以十爲等十萬爲億十億爲兆也其大數以萬爲等萬至萬是萬萬爲億又從億而數至萬萬億曰兆億億曰秭

傳 夫明王設位法象天地○夫音扶

疏 夫明至天地○管子形勢解天之道滿而不溢盛而不衰明主法象天道故貴而不驕富而不奢行理而不惰故能長守貴富久有天下而不失也故曰持滿者與天又版法

解版法者法天地之位象四時之行以治天
下四時之行有寒有暑聖人法之故有文有
武天地之位有前有後有左有右聖人法之
以建紀春生于左秋殺于右夏長於前冬藏
於後生長之事文也收藏之事武也是故文
事在左武事在右聖人法之以行法令以治
事理又霸言篇霸王之形象天則地化人易
代創制天下等列諸侯賓屬四海時匡天下
大國小之曲國正之彊國弱之重國輕之亂
國并之暴王殘之僇其罪卑其列維其民然
後王之

傳 是以天子稟命於天而布德於諸侯
諸侯受命而宣於卿大夫卿大夫承教而告
於百姓故諸侯有善讓功天子卿大夫有善
推美諸侯士庶人有善歸之卿大夫子弟有

善移之父兄，由于上之德化也。○推，吐雷反。

疏 是以至化也。○第子君臣篇：天子出令於天下，諸侯受令於天子，大夫受令於君，子受令於父母，下聽其上，弟聽其兄，此至順矣。又曰：天子有善，讓德於天；諸侯有善，慶之於天子；大夫有善，納之於君；民有善，本於父，慶之於長老。此道法之所從來，是治本也。禮記祭義篇：天子有善，讓德於天；諸侯有善，歸諸天子；卿大夫有善，薦於諸侯；士庶人有善，本諸父母，存諸長老。祿爵慶賞，成諸宗廟，所以示順也。穀梁傳襄十九年：君不尸小事，臣不專大名，善則稱君，過則稱己，則民作讓矣。

諸侯章第三○經七十六字

子曰：居上不驕，高而不危。

傳 高者必以下為

山子云莫上當補人者或作之情二字

基故居上位不驕 **疏** 高者至不驕○老子三十九章地無以寧將恐發神無以靈將恐歇谷無以盈將恐竭萬物無以生將恐滅侯王無以貴高將恐蹷故貴以賤為本高以下為基是以侯王自謂孤寡不穀此非以賤為本耶說苑說叢篇必貴以賤為本必高以下為基天將與之必先苦之天將毀之必先累之

傳 莫不好利而惡害其能與百姓同利者則萬民持之是以雖處高猶不危也○好呼報反惡烏路反處昌呂反

疏 莫不至庶也○管子版法解凡人者莫不欲利而惡害是故與天下同利者天下持之擅天下之利者天下謀之天下所謀雖立必隳天下所持雖高不危故曰安高在乎同利又形勢解人主所以令則行禁則止者必令於民之所好而禁於民之所惡也民之情莫不

朱子曰制節謹度不敢縱欲保一国之規模也孔子所謂以約失之者鮮矣是之謂也

書曰祿位不期驕祿不期侈是知貴不期驕而驕自來祿不期侈而侈自來言諸侯貴為一国主富有一国之賦故驕溢宜戒之也

皇侃曰無禮為驕奢泰為溢為溢者謂華侈放恣也国以無禮謂溢也

欲而惡死莫不欲利而惡害故上令於生利則令行禁於殺害則禁止令之所以行者必民樂其政也而令乃行。

制節謹度滿而不溢

傳 有制有節謹其法度是守足之道也其知守其足則雖滿而不盈溢矣

疏 有制至溢矣○周禮大司徒職一曰以祀禮教敬則民不苟二曰以陽禮教讓則民不爭三曰以陰禮教親則民不怨四曰以樂禮教和則民不乖五曰以儀辨等則民不越六曰以俗教安則民不偷七曰以刑教中則民不虣八曰以誓教恤則民不怠九曰以度教節則民知足十曰以世事教能則民不失職十有一曰以賢制爵則民慎德十有二曰以庸制祿則民興功

高而不危所以長守貴也滿而不溢所以長守富也

傳 皆

山子云用驕當爲小…

慢也下在上不驕以戒出費溢財不奢以戒富若以制節謹度以戒侈以溢由無節以戒富曰制節謹度言不可奢侈也

自然也先王疾驕天道虧盈不驕不溢用能長守富貴也

疏　天道虧盈○周易上彖傳天道下濟而光明地道卑而上行天道虧盈而益謙地道變盈而流謙鬼神害盈而福謙人道惡盈而好謙謙尊而光卑而不可踰君子之終也

傳　是故自高者必有下之自多者必有損之故古之聖賢不上其高以求下人不溢其滿以謙受人所以自終也○下人遐㨿反

疏　是故至終也○尚書大禹謨篇益贊于禹曰惟德動天無遠弗屆滿招損謙受益時乃天道孔傳自滿者人損之自謙者人益之是天之常道周易下象傳山上有澤咸君子以虛受人家語六本篇孔子讀易至於損益喟然而歎子夏避席問曰夫子何歎焉孔子

曰夫自損者必有益之自益者必有決之吾是以歎也子夏曰然則學者不可以益乎子曰非道益之謂也道彌益而身彌損夫學者損其自多以虛受人故能成其滿博也天道成而必變凡持滿而能久者未嘗有也故曰自賢者天下之善言不得聞於耳矣昔堯治天下之位猶允恭以持之克讓以接下是以千歲而益盛迄今而逾彰夏桀昆吾自滿而無極亢意而不節斬刈黎民如草芥焉天下討之如誅匹夫是以千載而惡著迄今而不滅滿也如在輿遇三人則下之遇二人則式之調其盈虛不令自滿所以能久也荀子堯問篇繒丘之封人見楚相孫叔敖曰吾聞之也處官久者士妬之祿厚者民怨之位尊者君恨之今相國有此三者而不得罪楚之士民何也孫叔敖曰吾三相楚而心愈卑每益祿而施愈博位滋尊而禮愈恭是以不得罪於楚之士民也

富貴不離其

身然後能保其社稷而和其民人蓋諸侯之孝也【傳】有其德斯其爵矣有其爵斯其社稷矣居身於德處尊於爵據有社稷行其政令則人民和輯四境以寧諸侯之孝道其法如此也○離力智反處昌呂反輯音集

詩云戰戰兢兢如臨深淵如履薄冰【傳】詩小雅小旻之章自危懼之詩也行孝亦然故取喻焉臨深淵恐墜履薄冰恐陷言常不敢自康也○兢居陵反【疏】自危懼之詩也

○尚書湯誥篇茲朕未知獲戾于上下慄慄危懼若將隕于深淵凡我造邦無從匪彝無

即陷溺各守爾典以承天休○臨深淵恐墜履薄冰恐陷○詩小雅小旻篇如臨深淵毛傳恐墜也如履薄冰毛傳恐陷也

傳夫能自危者則能安其位者也憂其亡者則能保其存者也懼其亂者則能有其治者也故君子安而不忘危存而不忘亡治而不忘亂是以身安而國家可保也○治直吏反下同

疏夫能至保也○周易下繫辭子曰危者安其位者也亡者保其存者也亂者有其治者也是故君子安而不忘危存而不忘亡治而不忘亂是以身安而國家可保也

卿大夫章第四○經九十四字

太宰純曰孔子之道者先王之道也先王者唐虞二帝夏殷周三代之聖王ヲ指テ云也二帝三王ハ皆聖人ニテ神妙ナル智恵ヲ以テ天下ヲ治メ玉ヘル其ハ定置レタル法式ハ何レモ萬世ニ警迄王代之天下之中ニ中興ノ主卜称也君臣モ秋多有大聖人ト云程ニ非ス其ハ大祖聖人ノ道ヲ能ク守リ賢君ヲ用テ中興ノ業ヲ立玉ヘハ其功ハ聖人ニ異ナルヿナキ故ニ先王

子曰非先王之法服不敢服傳服者身之表也尊卑貴賤各有等差○差初仕反文初宜反疏服者身之表也○左傳閔二年冬十二月晉侯使太子申生伐東山皋落氏公衣之偏衣佩之金玦狐突歎曰時事之徵也衣身之章也佩衷之旗也故敬其事則命以始服其身則衣之純用其衷則佩之度今命以時卒閟其事也衣之尨服遠其躬也佩以金玦棄其衷也服以遠之時以閟之尨涼冬殺金寒玦離胡可恃也雖欲勉之狄可盡乎禮記表記篇聖人之制行也不制以已使民有所勸勉愧恥以行其言禮以節之信以結之容貌以文之衣服以移之朋友以極之欲民之有壹也小雅曰不愧于人不畏于天是故君子服其服則文以君子之容有其容則文以君子之辭遂其辭則實以君子之德是故君子恥服其服而

孝經叅疏 上 十九

禹湯文武ノ是ト曰尊ミ尊寀メ卿ヲ先王下秋スル也孔子親至ヘル直八先王之道也

無其容恥有其容而無其辭恥有其辭而無其德恥有其德而無其行○尊卑貴賤各有等差○荀子禮論篇禮者養也君子既得其養又好其別曷謂別曰貴賤有等長幼有差貧富輕重皆有稱者也禮記燕義篇俎豆牲體薦羞皆有等差所以明貴賤也

【傳】故賤服貴服謂之僭上僭上爲不忠貴服賤服謂之偪下偪下爲失位是以君子動不違法舉不越制所以成其德也○偪彼力反

【疏】故賤至偪下○禮記雜記篇孔子曰管仲鏤簋而朱紘旅樹而反坫山節而藻梲賢大夫也而難爲上也晏平仲祀其先人豚肩不揜豆賢大夫也而難爲下也君子上不僭上下不偪下○偪下為失位○左傳成二年蔡侯許男不書乘楚車也謂之失位君子曰位其不可不慎也乎

書曰大禹謨舜命禹無稽之言勿聽弗詢之謀勿庸註無稽者不考於古之言也弗詢者不咨於衆言之無據者謂之自專是皆一人之私心必非天下公論皆妨政害治詐之大者也言之謂從言勿聽可矣謀謂計事成勿用也舜從口惟口出好興戎[illegible]

蔡許之君、失其位、不得列於諸侯、況其下乎。詩曰、不解于位、民之攸墍、其是之謂矣。○是以至德也。○禮記哀公問篇、哀公問於孔子曰、何謂敬身。孔子對曰、君子過言則民作辭、過動則民作則。君子言不過辭、動不過則、百姓不命而敬恭。如是則能敬其身。能敬其身則能成其親矣。

非先王之法言不敢道

傳 法言謂孝弟忠信仁誼禮典也。此八者不易之言也。非此則不說也。○弟大計反。

疏 法言至說也。○管子形勢解、言而語道德忠信孝弟者、此言無弁者。禮記大傳篇、聖人南面而治天下、必自人道始矣。立權度量、考文章、改正朔、易服色、殊徽號、異器械、別衣服、此其所得與民變革者也。其不可得變革者則有矣。親親也、尊尊也、長長也、男女有別、此其不可得與民變革者也。

傳 故

孝經疏　上　二十一

而法見焉、下無乎
曰子服堯之服、
誦堯之言、行堯
之行、是堯而已
矣、子服桀之服、
誦桀之言、行桀
之行、是桀而已
矣、夫非先王之
専服言行、而
服於服之不疑
乘祭射而敬如
神乎、詩曰心之憂
矣、於我歸說
又曰言而後世法
之曰法、行而天下
則之曰道、下無乎
曰無得為法於天
下、而傳於後世
是豈有他、以孝
而已、孝子終日言
不在尤之中、終日
行而不在悔之中
曾子曰言寡尤
者、行寡悔、禄
在其中矣、無它
慎之也、詩曰靈才

能參德於天地公平無私賢不肖莫不用是先王之所以合于道也

疏故能至道也○管子形勢解天公平而無私故美惡莫不覆地公平而無私故小大莫不載無棄之言公平而無私故賢不肖莫不用故無棄之言參德於天地之無私也故曰有無棄之言者必參之於天地矣禮記中庸篇唯天下至誠為能盡其性能盡其性則能盡人之性能盡人之性則能盡物之性能盡物之性則可以贊天地之化育可以贊天地之化育則可以與天地參矣又經解篇天子者與天地參故德配天地兼利萬物與日月並明明照四海而不遺微少其在朝廷則道仁聖禮義之序燕處則聽雅頌之音行步則有環佩之聲升車則有鸞和之音居處有禮進退有度百官得其宜萬事得其序又孔子閒居篇子夏曰三王之德參於天地

君子于稅山至長、業要其慎也、易曰言行君子之所以動天地也、可不慎乎

敢問何如斯可謂參天地矣孔子曰奉三無私以勞天下子夏曰敢問何謂三無私孔子曰天無私覆地無私載日月無私照奉斯三者以勞天下此之謂三無私荀子性惡篇積善而不息則通於神明參於天地矣

非先王之德行不敢行

傳 脩德於身行之於人擬而後言議而後動擬議以其志勤以行其典誼○德行下孟反

疏 擬而至典誼○周易上繫辭聖人有以見天下之賾而擬諸其形容象其物宜是故謂之象聖人有以見天下之動而觀其會通以行其典禮繫辭焉以斷其吉凶是故謂之爻言天下之至賾而不可惡也言天下之至動而不可亂也擬之而後言議之而後動擬議以成其變化

傳 中能應外施必先當是以上安而下化之也

○當丁浪反　**疏**　中能應外○國語周語内史興曰中能應外忠也施三服義仁也守節不淫信也行禮不疚義也

是故非法不言。非道不行

傳　必合典法然後乃言必合道誼然後乃行也

無定之士明王不禮無度之言明王不許也

尤所宜慎故申覆之○覆芳伏反

疏　無定王覆之○管子形勢解䖟搖而無所定謂之蜚蓬之問蜚蓬之問明主不聽也無度之言明主不許也故曰蜚蓬之問不在所賓禮記經解篇隆禮由禮謂之有方之士不隆禮不由禮謂之無方之民敬讓之道也故以奉宗廟則敬以入朝廷則貴賤有位以處室家則父子親兄弟和以處鄉里則長幼有序荀子禮論篇禮者人道之極也然而不法禮不足禮謂之無方之民法

禮足禮謂之有方之士禮之中焉能思索謂之能慮禮之中焉能勿易謂之能固能慮能固加好者焉斯聖人

傳 法服有制是以不重也○重直用反

口亡擇言身亡擇行

傳 言所可言行所可行故言行皆善無可棄擇者焉若夫偷得利而後有害偷得樂而後有憂則先王所不言所不行也○亡音無下皆同行下孟反傳言行同夫音扶樂音洛

疏 言所至行也○管子形勢解聖人擇可言而後言擇可行而後行偷得利而後有害偷得樂而後有憂者聖人不為也

言滿天下亡口過行滿天下亡怨惡

傳 聖人詳慎與世超絕發言必顧其累將

山子本共事當作其言管子作其言

行必慮其難。行下孟反。傳行不行之其行皆同。惡烏路反。累劣偽反。難乃旦反。**疏**聖人至其難○管子形勢解聖人擇言必顧其累擇行必顧其憂故曰顧其憂者可與致道

傳故出言而天下說之，所行而天下樂之。言不逆民，行不悖事，則人恐其不復言，恐其不復行。若言之不可復者，其事不信也。行之不可再者，其行暴賊也。言而不信則民不附，行而暴賊則天下怨。民不附，天下怨，此皆滅亡所從生也。○說音悅。樂音洛。悖補對反。復扶又反。下同。**疏**故出至生也○管子形勢解人主出言不逆於民心不悖於理義其所言足以安天下者

人唯恐其不復言也。出言而離父子之親，疏君臣之道，害天下之衆，此言之不可復者也。故明主不言也。故曰：言而不可復者，君不言也。人主身行方正，使人有禮，遇人有理，行發於身而為天下法式者，人唯恐其不復行也。身行不正，使人暴虐，遇人不信，行發於身而為天下笑者，此不可復之行，故明主不行也。故曰：行而不可再者，君不行。又曰：言之不可復者，其言不信也；行之不可再者，其行賊暴也。故言而不信，則民不附；行而為賊暴，則天下怨。民不附，天下怨，此滅亡之所從生也。故明主禁之。故曰：凡言之不可復，行之不可再者，有國者之大禁也。

三者備矣，然後能保其祿位，而守其宗廟，蓋卿大夫之孝也。

傳 三者，謂服應法，言有則，行合道也。立身之本，在此三者。三者

無闕則可以安其位食其祿祭祀祖考護守宗廟宗者尊也廟者貌也○行下孟反

疏 宗者尊也廟者貌也○詩周頌清廟篇清廟祀文王也周公既成洛邑朝諸侯率以祀文王焉毛傳清廟者祭有清明之德者之宮也謂祭文王也天德清明文王象焉故祭之而歌此詩也廟之言貌也死者精神不可得而見但以生時之居立宮室象貌為之耳禮記祭法篇天下有王分地建國置都立邑設廟祧壇墠而祭之乃為親疏多少之數是故王立七廟一壇一墠鄭注廟之言貌也宗廟者先祖之尊貌也公羊傳桓二年何注曰孝子三年喪畢思念其親故為之立宗廟以鬼享之廟之為言貌也思想儀貌而事之尚書大傳洛誥篇於卜洛邑營成周改正朔立宗廟云云廟者貌也以其貌言之也白虎通宗族篇宗者何謂也

山子云宅兆其靈於之不成義按宅兆當作宗祧字似而誤於之當作以時以於音近而誤時或作畤因脫傳姑書備一考

宗尊也爲先祖主也宗人之所尊也

傳 父母既沒宅兆其靈於之祭祀謂之尊貌此卿大夫之所以爲孝也

詩云夙夜匪解以事一人

傳 詩大雅烝民美仲山甫之章也仲山甫爲周宣王之卿大夫以事天子得其道故取成誼焉言其柔嘉維則令儀令色小心翼翼古訓是式威儀是力既明且哲以保其身皆與此誼同也○解佳賣反

疏 詩大至其身○詩大雅烝民篇仲山甫之德柔嘉維則令儀令色小心翼翼古訓是式威儀是力天子是若明命使賦又曰肅肅王命仲山甫將之邦國若否仲山甫明之既

夫子之道忠恕而已矣

明且哲以保其身夙夜匪解以事一人

士章第五 ○經八十六字

子曰資於事父以事母其愛同 傳 資取也取事父之道以事母其愛同也資於事父以事君其敬同 傳 言愛父與母同敬君與父同也故母取其愛而君取其敬兼之者父也 傳 母至親而不尊君至尊而不親唯父兼尊親之誼焉夫至親者則敬不至至尊者則愛不至人常情也○夫音扶 疏 母達以情也○禮記表記[illegible]君子之所謂仁者其難

引詩云凱弟君子民之父母凱以强教之弟以說安之樂而無荒有禮而親威莊而安孝慈而敬使民有父之尊有母之親如此而后可以爲民父母矣非至德其孰能如此乎今父之親子也親賢而下無能母之親子也賢則親之無能則憐之母親而不尊父尊而不親水之於民也親而不尊火尊而不親土之於民也親而不尊天尊而不親命之於民也親而不尊鬼尊而不親詩小雅四牡篇毛傳曰父兼尊親之道母至親而尊不至

是故爲人父者不明父子之誼以教其子則子不知爲子之道以事其父爲人君者不明君臣之誼以正其臣則臣不知爲臣之理以事其主君臣以誼固上下以序和衆庶以愛

輯則主有令而民行之上有禁而民不犯也

◯輯音集

疏 是故至犯也◯管子形勢解為人君而不明君臣之義以正其臣則臣不知於為臣之理以事其主矣故曰君不君則臣不臣又曰為人父而不明父子之義以教其子而整齊之則子不知為人子之道以事其父矣故曰父不父子不子君臣親上下和萬民輯故主有令則民行之上有禁則民不犯君臣不親上下不和萬民不輯故令則不行禁則不止故曰上下不和令乃不行

故以孝事君則忠

傳 孝者子婦之高行也忠者臣下之高行也父母教而得理則子婦孝子婦孝則親之所安也能盡孝以順親則當於親當於親則美名彰

人君寬而不虐則臣下忠臣下忠則君之所用也能盡忠以事上則當於君當於君則爵祿至行下孟反下同○

疏 孝者至祿至○管子形勢解山者物之高者也惠者主之高行也慈者父母之高行也忠者臣之高行也孝者子婦之高行也故山高而不崩則祈羊至上惠而不解則民奉養父母慈而不解則子婦順臣下忠而不解則爵祿至子婦孝而不解則美名附故節高而不解則所欲得矣解則不得又曰主者人之所仰而生也能寬裕純厚而不苛忮則民人附父母者子婦之所受教也能慈仁教訓而不失理則子婦孝臣下者主之所用也能盡力事上則當於主子婦者親之所安也能孝悌順親則當於親

傳 是故執人臣之節以事親其孝可知

也操事親之道以事君其忠必矣○操七刀反以

弟事長則順【傳】弟者善事兄之謂也順生於弟故觀其所以事兄則知其所以事長也○弟大計反傳同長丁丈反傳同

忠順不失以事其上然後能保其爵祿而守其祭祀蓋士之孝也【傳】上謂君長也此撮凡舉要申解爲士之誼所以能保其爵祿而守其祭祀者則以其不失忠順於君長故也○長丁丈反下同

詩云夙興夜寐亡忝爾所生【傳】詩小雅小宛之章也言日月流邁

歲不我與當夙起夜寐進德脩業以無忝辱其父母也○亡音無宛於阮反

疏 日月流邁○尚書秦誓篇我心之憂日月逾邁若弗云來○詩小雅小宛篇題彼脊令載飛載鳴我日斯邁而月斯征夙興夜寐無忝爾所生○歲不我與○論語陽貨篇陽貨謂孔子曰來予與爾言曰懷其寶而迷其邦可謂仁乎曰不可好從事而亟失時可謂知乎曰不可日月逝矣歲不我與孔子曰諾吾將仕矣○進德脩業○周易文言傳君子進德脩業忠信所以進德也修辭立其誠所以居業也○無忝辱其父母○尚書太甲篇嗣王戒哉祗爾厥辟辟不辟忝厥祖又君牙篇今命爾予翼作股肱心膂纘乃舊服無忝祖考○禮記內則篇父母雖沒將為善思貽父母令名必果將為不善思貽父母羞辱必不果

傳 能揚名顯父母保位

守祭祀非以孝弟莫由至焉也○弟大計反

庶人章第六 ○經二十四字

子曰因天之時就地之利傳天時謂春生夏長秋收冬藏也○長丁丈反疏天時至藏也○爾雅釋天篇春為發生夏為長贏秋為收成冬為安寧四時和為通正謂之景風禮記樂記篇春作夏長仁也秋斂冬藏義也管子四時篇春嬴育夏養長秋聚收冬閉藏大寒乃極國家乃昌四方乃服此謂歲德又形勢解春者陽氣始上故萬物生夏者陽氣畢上故萬物長秋者陰氣始下故萬物收冬者陰氣畢下故萬物藏故春夏生長秋冬收藏四時之節也陸賈新語道基篇傳曰天生萬物以地養之聖人成之功德參合而道術生焉故曰張日月列星辰序

四時調陰陽布氣治性次置五行春生夏長秋收冬藏陽生雷電陰成雪霜養育群生一茂一亡潤之以風雨曝之以日光温之以節氣降之以殞霜位之以衆星制之以斗衡苞之以六合羅之以紀綱改之以災變告之以禎祥動之以生殺悟之以文章故在天者可見在地者可量在物者可紀在人者可相

傳 地利謂原隰水陸各有所宜也

疏 地利至宜也○周禮大司徒職以天下土地之圖周知九州之地域廣輪之數辨其山林川澤丘陵墳衍原隰之名物又曰以土宜之灋辨十有二土之名物以相民宅而知其利害以阜人民以蕃鳥獸以毓草木以任土事又職方氏河南曰豫州其山鎮曰華山其澤藪曰甫田其川滎雒其浸波溠其利材漆絲枲其民二男三女其畜宜六擾其穀宜五種

傳 庶人之業稼穡爲務審因四

時就於地宜除田擊槁深耕疾耰時雨既至播殖百穀挾其槍刈脩其壟畝脫衣就功暴其髮膚旦暮從事霑體塗足少而習焉其心休焉是故其父兄之教不肅而成其子弟之學不勞而能也○槁古老反耰於求反槍七羊反刈魚廢反暴步木反少詩照反

疏廣人至能也○管子小匡篇農羣萃而州處審其四時權節具備其械器用比耒耜穀芟及寒擊槀除田以待時乃耕深耕均種疾耰先雨芸耨以待時雨時雨既至挾其槍刈耨鎛以旦暮從事于田野稅衣就功別苗莠列疏遫首戴苧蒲身服襏襫沾體塗足暴其髮膚盡其四支之力以疾從事於田野少而習焉其心安焉不見異物而遷

元祿本約上有儉山子云恭當作供晉之誤也孝治章傳亦愛利不失得其歡心所以供事其親可以徵

焉。是故父兄之教不肅而成、其子弟之學不勞而能。是故農之子常為農、樸野而不慝。其
秀才之能為士者、則足賴也。故以耕則多粟、
以仕則多賢。是以聖王敬農。農又見國語
齊語
謹身節用、以養父母。此庶人之孝也。傳 謹
身者不敢犯非也。節用者約而不奢也。不為
非則無患、不為奢則用足。身無患悔、而財用
給足、以恭事其親。此庶人之所以為孝也。○養
羊尚反

孝平章第七 ○經二十五字

子曰、故自天子以下、至於庶人、傳 故者故上

陳孝五章之誼也孝亡終始而患不及者未之有也【傳】躬行孝道尊卑一揆人子之道所以爲常也〇亡音無【疏】躬行孝道〇公羊傳桓十四年何注曰禮天子親耕東田千畝諸侯百畝后夫人親西郊采桑以共粢盛祭服躬行孝道以先天下〇尊卑一揆〇孟子離婁篇孟子曰舜生於諸馮遷於負夏卒於鳴條東夷之人也文王生於岐周卒於畢郢西夷之人也地之相去也千有餘里世之相後也千有餘歲得志行乎中國若合符節先聖後聖其揆一也尚書孔序曰至夏商周之書雖設教不倫雅誥奧義其歸一揆是故歷代寶之以爲大訓晋書孝友傳序曰因彼孝慈而生友悌理在兼綜義歸一揆

【傳】必有終始然後乃善其不能終始者必及

患禍矣故爲君而惠爲父而慈爲臣而忠爲子而順此四者人之大節也大節在身雖有小過不爲不孝爲君而虐爲父而暴爲臣而不忠爲子而不順此四者人之大失也大失在身雖有小善不得爲孝上章既品其爲孝之道此又總説其無終始之咎以勉人爲高行也○行下孟反

疏 故爲至爲孝○管子形勢解爲主而惠爲父母而慈爲臣下而忠爲子婦而孝四者人之高行也高行在身雖有小過不爲不肖所謂大山者山之高者也雖有小隁不以爲深故曰大山之隁奚有於深又曰爲主而賊爲父母而暴爲臣

下而不忠為子婦而不孝四者人之大失也
大夫在其身雖有小善不得為賢所謂平原者
下澤也雖有小封不得為高
故曰平原之隰奚有於高

古文孝經孔傳參疏卷之上

古文孝經孔傳參疏卷之中

山中祐之　輯

兼山先生閱

葛山　壽
萩原萬世　同校

三才章第八〇經一百二十九字

曾子曰甚哉孝之大也傳曾子聞孝爲德本而化所由生自天子達庶人爲行者遇福不用者蒙患然後乃知孝之爲甚大也疏自天子達庶人〇禮記王制篇自天子達於庶人喪從死者祭從生者子曰夫孝天

之經也地之誼也民之行也傳經常也誼宜也行所由也亦皆謂常也○夫音扶傳同行下孟反傳同疏經常至常也○左傳昭二十五年子大叔曰夫禮天之經也地之義也民之行也天地之經而民實則之杜注經者道之常義者利之宜行者人所履行傳夫天有常節地有常宜人有常行一設而不變此謂三常也孝其本也兼而統之則人君之道也分而殊之則人臣之事也君失其道無以有其國臣失其道無以有其位故上之畜下不安下之事上不虛孝之致也疏夫天至致也○管子君臣篇文

有常象地有常形人有常禮一設而不更此謂三常兼而一之人君之道也分而職之人臣之事也君失其道無以有其國臣失其事無以有其位然則上之畜下不安而下之事上不虛矣上之畜下不安則所出法制度者明也下之事上不虛則循義從令者審也上明下審上下同德代相序也荀子天論篇天有常道矣地有常數矣君子有常體矣君子道其常小人計其功

天地之經而民是則之

傳是是此誼也則法也治安百姓人君之則也訓護家事父母之則也諫爭死節臣下之則也盡力善養子婦之則也人君不易其則故百姓說焉父母不易其則故家事脩焉臣下不易其

則故主無僭焉子婦不易其則故親養具焉斯皆法天地之常道也是故用則者安不用則者危也○爭音諍養羊尚反下同説音悅僭與愆同處虔反

疏治安至危也○管子形勢解地生養萬物地之則也治安百姓主之則也教護家事父母之則也正諫死節臣下之則也盡力共養子婦之則也地不易其則故萬物生焉主不易其則故百姓安焉父母不易其則故家事辨焉臣下不易其則故主無過失子婦不易其則故親養備具故用則者安不用則者危地未嘗易其所以安也

則天之明因地之利以訓天下○

傳夫覆而無外者天也其德無不在焉載而無棄者地也其物莫不殖焉

元祿本無缺作無親，可從。

是以聖人法之以覆載萬民萬民得職而莫不樂用○夫音扶覆扶又反下同樂五教反○

疏 夫覆至樂用○管子版法解桓公謂管子曰今子教寡人法天合德合德長久合德而兼覆之則萬物受命象地無親無親安固無親而兼覆之則諸生皆殖參於日月無私無私葆光無私而兼照之則美惡不隱然則君子之爲身無好無惡然已乎管子對曰不然夫學者所以自化所以自撫故君子惡稱人之惡惡不忠而怨妬惡不公議而名當稱惡不位下而位上惡不親外而內放此五者君子之所恐行而小人之所以亡况人君乎

傳 故天地不爲一物枉其時日月不爲一物晦其明明王不爲一人枉其法法天合德象地無缺取日月之無

私則兆民賴其福也○爲于僞反下同疏故天至福也○管子白心篇以靖爲宗以時爲寶以政爲儀和則能久非吾儀雖利不爲非吾當雖利不行非吾道雖利不取上之隨天其次隨人人不倡不和天不始不隨故其言也不廢其事也不隨原始計實本其所生知其象則索其形緣其理則知其情索其端則知其名故苞物衆者莫大於天地化物多者莫多於日月民之所急莫急於水火然而天不爲一物枉其時明君聖人亦不爲一人枉其法天行其所行而萬物被其利是以其教不肅而成其政不嚴而治。傳以其脩則且有因也登山而呼音達五十里因高之響也造父執御千里不疲因馬之勢也○治直吏反傳同呼火故反造

七報汝父育爾

疏 以其至勢也○荀子勸學篇吾嘗跂而望矣不如登高之博見也登高而招臂非加長也而見者遠順風而呼聲非加疾也而聞者彰假輿馬者非利足也而致千里假舟檝者非能水也而絕江河君子生非異也善假於物也呂子順說篇善說者若巧士因人之力以自為力因其來而與來因其往而與往不設形象與生與長而言之與響與盛與衰以之所歸力雖多材雖勁以制其命順風呼聲不加疾也際高而望目不加明也所因便也又分職篇夫馬者伯樂相之造父御之賢主乘之一日千里無御相之勞而有其功則知所乘矣史記游俠傳近世延陵孟嘗春申平原信陵之徒皆因王者親屬藉於有土卿相之富厚招天下賢者顯名諸侯不可謂不賢者矣比如順風而呼聲非加疾其勢激也淮南主術訓不正本而反自脩則人主逾勞人臣逾逸是猶代庖宰剝牲

而爲大匠劉也與馬競走筋絶而弗能及上車執轡則馬死於衡下故伯樂相之王良御之明主乘之無御相之勞而致千里者乘於人資以爲羽翼也是故君人者無爲而有守也有爲而無好也有爲則讒生有好則諛起

【傳】聖人因天地以設法循民心以立化故不加威肅而教自成不加嚴刑而政自治也

【疏】聖人至治也○周易繫辭夫易聖人所以崇德而廣業也知崇禮卑崇效天卑法地天地設位而易行乎其中矣又下繫辭夫乾天下之至健也德行恒易以知險夫坤天下之至順也德行恒簡以知阻能說諸心能研諸侯之慮定天下之吉凶成天下之亹亹者是故變化云爲吉事有祥象事知器占事知來天地設位聖人成能人謀鬼謀百姓與能八卦以象告爻象以情言剛柔雜居而吉凶

知可見先王見教之可以化民也【傳】識見教化終始之歸故設之焉是故先之以博愛而民莫遺其親【傳】博愛汎愛衆也先垂博愛之教以示親親也故民化之而無有遺忘其親者也【疏】汎愛衆也○論語學而篇子曰入則孝出則弟謹而信汎愛衆而親仁行有餘力則以學文陳之以德誼而民興行【傳】陳布也布德誼以化天下故民起而行德誼也先之以敬讓而民不爭【傳】上爲敬則下不慢上好讓則下不爭上之化下猶風之靡草故每輒以

己率先之也○好呼報反　率所律反

疏上爲至之也○家語入官篇君子欲言之見信也莫善乎先虛其內欲政之速行也莫善乎以身先之欲民之速服也莫善乎以道御之陸賈新語無爲篇上之化下猶風之靡草也王者尚武於朝農夫繕甲於田故君之御下民奢侈者則應之以儉驕淫者則統之以理未有上仁而下殘上義而下爭者也孔子曰移風易俗豈家至之哉先之於身而已矣說苑貴德篇周天子使家父毛伯求金於諸侯春秋譏之故天子好利則諸侯貪諸侯貪則大夫鄙大夫鄙則庶人盜上之變下猶風之靡草也故爲人君者明貴德而賤利以道下下之爲惡尚不可止今隱公貪利而身自漁濟上而行八佾以此化於國人國人安得不解於義解於義而縱其欲則災害起而臣下僻矣

道之以禮樂而民和睦

傳禮以彊

教之樂以說安之君有父母之恩民有子弟之敬○道音導傳同彊其丈反說音悅

疏 禮以至之敬○禮記表記篇君子之所謂仁者其難乎詩云凱弟君子民之父母凱以彊教之弟以說安之樂而毋荒有禮而親威莊而安孝慈而敬使民有父之尊有母之親如此而后可以爲民父母矣詩大雅泂酌篇豈弟君子民之父母毛傳樂以彊教之易以說安之民皆有父之尊有母之親

傳 於是乎道之斯行綏之斯來動之斯和感之斯睦也○綏音雖

疏 於是至睦也○論語子張篇夫子之得邦家者所謂立之斯立道之斯行綏之斯來動之斯和其生也榮其死也哀如之何其可及也

示之以好惡而民知禁

傳 好謂賞也惡謂罰也賞

罰明而不可欺法禁行而不可犯分職察而不可亂人君所以令行而禁止也○好呼報反傳同惡烏路反傳同分扶問反

疏 好謂至止也○管子明法解明主者有術數而不可欺也審法禁而不可犯也察於分職而不可亂也故羣臣不敢行其私貴臣不得蔽其賤近者不得塞遠孤寡老弱不失其所職竟內明辨而不相踰越此之謂治國故明法曰所謂治國者主道明也

傳 令行禁止者必先令於民之所好而禁於民之所惡

疏 令行至所惡○管子形勢解人主之所以令則行禁則止者必令於民之所好而禁於民之所惡也民之情莫不欲生而惡死莫不欲利而惡害故上令於生利人則令行禁於殺害人則禁止令之所以行者必民樂其政也而

令乃行

【傳】然後詳其鈇鉞，慎其祿賞，爲有不聽而可以得存者，是號令不足以使下也；有犯禁而可以得免者，是鈇鉞不足以威衆也；有無功而可以得富者，是祿賞不足以勸民也。號令不足以使下，鈇鉞不足以威衆，祿賞不足以勸民，則人君無以自守之也。○鈇方于反鉞音越

【疏】然後至之也○管子重令篇凡先王治國之器三攻而毀之者六明王能勝其攻故不益於三者而自有國正天下亂王不能勝其攻故亦不損於三者而自有天下而亡三器者何也曰號令也斧鉞也祿賞也六攻者何也曰親也貴也貨也色也巧佞也玩好也

三器之用何也曰非號令毋以使下非斧鉞毋以威衆非祿賞毋以勸民六攻之敗何也曰雖不聽而可以得存者雖犯禁而可以得免者雖無功而可以得富者凡國有不聽而可以得存者則號令不足以使下有犯禁而可以得免者則斧鉞不足以威衆有毋功而可以得富者則祿賞不足以勸民號令不足以使下斧鉞不足以威衆祿賞不足以勸民若此則民毋爲自用民毋爲自用則戰不勝戰不勝而守不固守不固則敵國制之矣然則先生將若之何曰不爲六者變更於號令不爲六者疑錯於斧鉞不爲六者益損於祿賞若此則遠近一心遠近一心則衆寡同力衆寡同力則戰可以必勝而守可以必固非以并兼攘奪也以爲天下政治也此正天下之道也

詩云赫赫師尹民具爾瞻

傳 詩小雅節南山之章也赫赫顯盛

也師大師尹氏周之三公也具皆也爾女也

言居顯盛之位衆民皆瞻仰之○赫火百反節音截大音

泰女音汝**疏**詩小至仰之○詩小雅節南山篇毛傳曰赫赫顯盛貌師大師周之三公

也尹尹氏爲大師具俱瞻視鄭箋曰此言尹氏女居三公之位天下之民俱視女之所爲

傳所行不可以違天地之經也善惡則民從

故有位者慎焉**疏**有位者慎焉○尚書伊訓篇制官刑儆于有位曰敢

有恒舞于宮酣歌于室時謂巫風

孝治章第九

○經一百四十四字

子曰昔者明王之以孝治天下也**傳**所謂明

者照臨羣下必得其情也故下得道上賤得道貴

疏 明者照臨羣下○左傳昭二十八年心能制義曰度德正應和曰莫照臨四方曰明勤施無私曰類詩小雅小明篇明明上天照臨下土管子形勢解日月照察萬物者也天多雲氣蔽蓋者衆則日月不明人主猶日月也羣臣多姦立私以擁蔽主則主不得昭察其臣下臣下之情不得上通故姦邪日多而人主愈蔽○下得道上賤得道貴○管子明法解明主者兼聽獨斷多其門戶羣臣之道下得明上賤得言貴故姦人不敢欺亂主則不然聽無術數斷事不以參伍故無能之士上通邪枉之臣專國主明蔽而聽塞忠臣之欲謀諫者不得進如此者侵主之道也

傳 卑者不待尊寵而見大臣不因左右而進百官脩道各奉其

上子云依管子二充字纂見字似而誤

職有罰者主允其罪有賞者主知其功允知不悖賞罰不差有不蔽道故曰明所謂孝者至德要道也治亦訓也○允苦浪反下同

疏 卑者至曰明○管子明法解明主之道卑賤不待尊貴而見大臣不因左右而進百官條通羣臣顯見有罰者並見其罪有賞者主知其功見知不悖賞罰不差有不蔽之術故無壅遏之患亂主則不然法令不得至于民疏遠隔閉而不得聞如是者壅遏之道也故明法曰令出而留謂之壅

傳 若乃滋官不忠非孝也不愛萬物非孝也接下不惠非孝也事上不敬非孝也○滋音孜一音類

疏 若乃至孝也○禮記祭義篇曾子曰身也者父母之遺體也行父母

之遺體敢不敬乎居處不莊非孝也事君不忠非孝也涖官不敬非孝也朋友不信非孝也戰陳無勇非孝也五者不遂烖及於親敢不敬乎又曰樹木以時伐焉禽獸以時殺焉夫子曰斷一樹殺一獸不以其時非孝也又見大戴禮曾子大孝篇家語弟子行篇啓蟄不殺方長不折執親之喪未嘗見齒是高柴之行也孔子曰柴於親喪則難能也啓蟄不殺則順人道方長不折則恕仁也成湯恭而以恕是以日躋

不敢遺小國之臣而況於公侯伯子男乎

傳　小國之臣臣之卑者也公侯伯子男凡五等皆國君之尊爵也卑猶不敢遺忘尊者見敬可知也

疏　公侯伯子男凡五等〇禮記王制篇王者之制祿爵公侯伯子男凡五等諸侯之上大夫卿下

大夫上士中士下士凡五等天子之田方千里公侯田方百里伯七十里子男五十里不能五十里者不合於天子附於諸侯曰附庸天子之三公之田視公侯天子之卿視伯天子之大夫視子男天子之元士視附庸孟子萬章篇天子一位公一位侯一位伯一位子男同一位凡五等也君一位卿一位大夫一位上士一位中士一位下士一位凡六等天子之制地方千里公侯皆方百里伯七十里子男五十里凡四等不能五十里不達於天子附於諸侯曰附庸天子之卿受地視侯大夫受地視伯元士受地視子男

故得萬國之歡心以事其先王。

傳 萬國者舉盈數也明王崇愛敬以接下則下竭歡心而應之是故損上益下民說無疆自上下下其道大

中庸十五章曰
○君子之道辟如行遠必自邇辟如登高必自卑詩曰妻子好合如鼓瑟琴兄弟既合和樂且湛宜爾室家樂爾妻帑
註詩小雅常棣之篇鼓瑟琴以和合也和樂如此子孫也
子曰父母其順矣乎
夫子引此詩而贊之曰人能和於妻子宜於兄弟如此則父母其安樂之矣子思引詩及此語以明行遠自邇登高自卑之意也
呂曰不得乎親不可以為人不順乎親不可以為子故君子之道莫大乎孝孝之本莫大乎順父母故仁人孝

光事之者謂四時享祀駿奔走在廟也○説音悦
疆居良反下下上遐嫁反
疏萬國者舉盈數也○左傳閔元年卜偃曰畢萬之後必大
萬盈數也魏大名也以是始賞天啓之矣天子曰兆民諸侯曰萬民今名之大以從盈數
其必有衆○明王至大光○周易下象傳益損上益下民説无疆自上下下其道大光利
有攸往中正有慶利涉大川木道乃行益動而巽日進无疆天施地生其益无方凡益之
道與時偕行○事之至廟也○詩周頌清廟篇於穆清廟肅雝顯相濟濟多士秉文之德
對越在天駿奔走在廟不顯不承無射於人斯尚書武成篇丁未祀于周廟邦甸侯衛駿
奔走執豆籩越三日庚戌柴望大告武成禮記大傳篇牧之野武王之大事也既事而退
柴於上帝祈於社設奠於牧室遂率天下諸侯執豆籩逡奔走追王太王亶父王季歷文

王旨不以卑臨尊也治國者不敢侮於鰥寡而況於士民乎。

傳 鰥寡之人人之尤疲弱者猶且不侮慢之況於士民乎

疏 鰥寡至民乎○孟子梁惠王篇老而無妻曰鰥老而無夫曰寡老而無子曰獨幼而無父曰孤此四者天下之窮民而無告者文王發政施仁必先斯四者詩云哿矣富人哀此煢獨趙注但憐愍此煢獨羸弱者耳

故得百姓之歡心以事其先君。

傳 說天子言先王道諸侯言先君皆明其祖考也凡民愛之則親利之則至是以明君之政設利以致之明愛以親之若徒利而不愛則衆不親徒愛而

下欲三
子曰其身正不令而行其身不正雖令不從
下欲上三[illegible]
子曰苟正其身矣於從政乎何有不能正其身如正人何

不利則衆不至愛利俱行衆乃說也○乃說音悅

疏 凡民至說也○管子版法解凡衆者愛之則親利之則至是故明君設利以致之明愛以親之徒利而不愛則衆至而不親徒愛而不利則衆親而不至愛施俱行則說君臣說朋友說兄弟說父子說

治家者不敢失於臣妾之心而況於妻子乎○

傳 卿大夫稱家

疏 卿大夫稱家○禮記禮運篇冕弁兵革藏於私家非禮也是謂脅君大夫具官祭器不假聲樂皆具非禮也是謂亂國故仕於公曰臣仕於家曰僕又禮器篇諸侯以龜爲寶以圭爲瑞家不寶龜不藏圭不臺門言有稱也又坊記篇制國不過千乘都城不過百雉家富不過百乘以此坊民諸侯猶有畔者周禮校人篇天子十有二閑馬六種邦國六閑馬四種家四閑馬二種公羊傳莊四

年齊襄公將復讎乎紀卜之曰師喪分焉寡人死之不爲不吉也遠祖者幾世乎九世矣九世猶可以復讎乎雖百世可也家亦可乎曰不可何注家謂大夫家穀梁傳定六年城中城者三家張也范注大夫稱家三家仲孫叔孫季孫也

傳 臣之與妾賤人也妻之與子貴者也接賤不失禮則其敬貴必矣故得人之歡心以事其親○

傳 人謂采邑之人也愛利不失得其歡心所以供事其親○采七代反

疏 人謂采邑之人也○尚書大傳般庚篇古者諸侯始受封則有采地百里諸侯以三十里七十里諸侯以二十里五十里諸侯以十五里其後子孫雖有罪黜其采地不黜使其子孫賢者守之世世以祠其始受封之人此之謂興滅國繼絕世

書曰茲予大享于先王爾祖其從與享之此之謂也禮記禮運篇天子有田以處其子孫諸侯有國以處其子孫大夫有采以處其子孫是謂制度公羊傳襄十五年何注曰諸侯入爲天子大夫不得氏國稱本爵故以所受采邑氏稱子所謂采者不得有其土地人民采取其租稅爾又定四年注曰禮諸侯入爲天子大夫更受采地于京師穀梁傳哀七年有臨一家之言焉范注大夫臨家猶諸侯臨國疏曰家謂采地若文元年毛伯來賜公命定四年劉卷卒其毛劉皆采邑名大夫氏采爲家大夫稱家是以一家言之矣

傳　不言先者大夫以賢舉包父祖之見在也○見賢遍反

疏　大夫以賢舉○禮記郊特牲篇無大夫冠禮而有其昏禮古者五十而后爵何大夫冠禮之有諸侯之有冠禮夏之末造也天子之元子士也天下無生而貴者也繼世

以立諸侯象賢也以官爵人德之殺也死而謚今也古者生無爵死無謚禮之所尊尊其義也失其義陳其數祝史之事也公羊傳隱二年何注曰禮公卿大夫士皆選賢而用之卿大夫任重職大不當世爲其秉政久恩德廣大小人居之必奪君之威權夫然

故生則親安之祭則鬼享之**傳**夫然猶言如是生盡孝養故親安之○夫音扶傳同養羊尚反**疏**生盡孝養○尚書酒誥篇純其藝黍稷奔走事厥考厥長肇牽車牛遠服賈用孝養厥父母其父母慶自洗腆致用酒禮記文王世子篇適饌省醴養老之珍具遂發詠焉退脩之以孝養也又云是故聖人之記事也慮之以大愛之以敬行之以禮修之以孝養紀之以義終之以仁**傳**祭致齊敬故鬼饗之謂其祖考也○齊側皆

反

是以天下和平。災害不生。禍亂不作。

傳　上下行孝愛敬交通，天下和平，人和神說，故妖孽不生，禍亂不起也。○說音悅。孽魚列反。

疏　說上下至神說。○尚書舜典篇：八音克諧，無相奪倫，神人以和。又周官篇：宗伯掌邦禮，治神人，和上下。左傳桓六年：季梁曰：所謂道，忠於民而信於神也。上思利民，忠也。祝史正辭，信也。今民餒而君逞欲，祝史矯舉以祭，臣不知其可也。公曰：吾牲牷肥腯，粢盛豐備，何則不信。對曰：夫民，神之主也。是以聖王先成民而後致力於神。故奉牲以告曰博碩肥腯，謂民力之普存也，謂其畜之碩大蕃滋也，謂其不疾瘯蠡也，謂其備腯咸有也。奉盛以告曰絜粢豐盛，謂其三時不害而民和年豐也。奉酒醴以告曰嘉栗旨酒，謂其上下皆有嘉德而無違心也。所謂馨香無讒慝也故務其三時修其五教親其九族以致其禋祀於是乎民和而神降之福故動則有成國語魯語長勺之役曹劌問所以戰於嚴公公曰余不愛衣食於民不愛牲玉於神對曰夫惠本而民歸之志民和而後神降之福若布德於民而平均其政事君子務治而小人務力動不違時財不過用財用不匱莫不共祀是以用民無不聽求福無不豐○故妖至起也○禮記禮運篇用水火金木飲食必時合男女頒爵位必當年德用民必順故無水旱昆蟲之災民無凶饑妖孽之疾又中庸篇至誠之道可以前知國家將興必有禎祥國家將亡必有妖孽見乎蓍龜動乎四體禍福將至善必先知之不善必先知之故至誠如神大戴禮易本命篇王者動必以道靜必以理動不以道靜不以理則自夭而不壽訞孽數起神靈不見風雨不時暴風水旱並興人民夭死五穀不滋六畜不蕃息故

明王之以孝治天下也如此 傳 如此福應也
行善則休徵報之行惡則咎徵隨之皆行之
致也此有諸侯及卿大夫之事而主明王者
下之能孝化於上也○皆行下孟反 疏 休徵報之咎徵隨之○尚
書洪範篇八庶徵曰雨曰暘曰燠曰寒曰風
曰時五者來備各以其叙庶草蕃廡一極備
凶一極無凶曰休徵曰肅時雨若曰乂時暘
若曰晢時燠若曰謀時寒若曰聖時風若曰
咎徵曰狂恒雨若曰僭恒暘若曰豫恒燠若
曰急恒寒若曰蒙恒風若曰王省惟歲卿士
惟月師尹惟日歲月日時無易百穀用成乂用明俊民用章家用平康 詩云有
覺德行四國順之○ 傳 詩大雅抑之章也覺直

也言先王行正直之德則四方之衆國皆順從法則之也○行下孟反

疏 詩大至之也○詩大雅抑篇毛傳曰覺直也鄭箋曰有大德行則天下順從其政言在上所以倡道

聖治章第十 ○經一百四十一字

曾子曰敢問聖人之德亡以加於孝乎

傳 曾子聞明王以孝道化天下如上章之詳故知聖人建德無以尚於孝矣○亡音無

子曰天地之性人爲貴人之行莫大於孝

傳 性生也言凡生天地之間含氣之類人最其貴者也○行下孟

反下同 **疏** 性生也○孟子告子篇告子曰生之謂性孟子曰生之謂性也猶白之謂白與曰然白羽之白也猶白雪之白白雪之白猶白玉之白與曰然然則犬之性猶牛之性牛之性猶人之性與白虎通情性篇情性者何謂也性者陽之施情者陰之化也人稟陰陽氣而生故內懷五性六情情者靜也性者生也此人所稟六氣以生者也故鈎命訣曰情生於陰欲以時念也性生於陽以理也陽氣者仁陰氣者貪故情有利欲性有仁也○言凡至者也○尚書泰誓篇惟天地萬物父母惟人萬物之靈亶聰明作元后元后作民父母荀子禮論篇凡生乎天地之間者有血氣之屬莫不有知有知之屬莫不愛其類今夫大鳥獸則失亡其羣匹越月踰時則必反鉛過故鄉則必徘徊焉鳴號焉躑躅焉踟蹰焉然後能去之也小者是燕爵猶有啁噍之頃焉然後能去之也故有血氣之屬莫知於

人故人之於其親也至死無窮又見禮記三年問篇又禮運篇人者其天地之德陰陽之交鬼神之會五行之秀氣也漢書刑法志夫人宵天地之貌懷五常之性聰明精粹有生之最靈者也爪牙不足以供耆欲趨走不足以避利害無毛羽以禦寒暑必將役物以爲養任智而不恃力此其所以爲貴也白虎通禮樂篇王者所以盛禮樂何節文之喜怒樂以象天禮以法地人無不含天地之氣有五常之性者故樂所以蕩滌反其邪惡也禮所以防淫佚節其侈靡也

傳 正君臣上下之誼篤父子兄弟夫妻之道辨男女內外疏數之節章明福慶示以廉耻所以爲貴也○數色角反

疏 正君至貴也○管子版法解正君臣上下之義飾父子兄弟夫妻之義飾男女之別別疏數之差使君德

臣忠父慈子孝兄愛弟敬禮義章明加此則近者親之遠者歸之傳孝者德之本教之所由生也故人之行莫大於孝焉孝莫大於嚴父○嚴父莫大於配天○則周公其人也○傳嚴尊也言爲孝之道無大於尊嚴其父以配祭天帝者周公親行此莫大之誼故曰則其人也昔者周公郊祀后稷以配天傳凡禘郊祖宗皆祭祀之別名也○禘大計反疏凡禘至名也○國語魯語有虞氏禘黃帝而祖顓頊郊堯而宗舜夏后氏禘黃帝而祖顓頊郊鯀而宗禹商人禘舜而祖契郊冥而宗湯周人禘嚳而郊稷祖文王而宗武王幕能帥顓

頊者也有虞氏報焉杼能帥禹者也夏后氏報焉上甲微能帥契者也商人報焉高圉大王能帥稷者也周人報焉凡禘郊宗祖報此五者國之典祀也又見禮記祭法篇又云大凡生於天地之間者皆曰命其萬物死皆曰折人死曰鬼此五代之所不變也七代之所更立者禘郊祖宗其餘不變也

傳 天子祭天

疏 天子祭天○禮記曲禮篇天子祭天地祭四方祭山川祭五祀歲徧諸侯方祀祭山川祭五祀歲徧大夫祭五祀歲徧士祭其先凡祭有其廢之莫敢舉也有其舉之莫敢廢也又王制篇天子祭天地諸侯祭社稷大夫祭五祀天子祭天下名山大川五嶽視三公四瀆視諸侯諸侯祭名山大川之在其地者天子諸侯祭因國之在其地而無主後者又禮運篇天子祭天地諸侯祭社稷祝嘏莫敢易其常古是謂大假

傳 周公攝政制之祀典也

疏周公至典也○禮記文王世子篇仲尼曰昔者周公攝政踐阼而治抗世子法於伯禽所以善成王也左傳哀十一年季孫欲以田賦使冉有訪于仲尼仲尼不對而私於冉有曰君子之行也度於禮施取其厚事舉其中斂從其薄如是則以丘亦足矣若不度於禮而貪冒無厭則雖以田賦將又不足且子季孫若欲行而法則周公之典在若欲苟而行又何訪焉國語魯語展禽曰夫祀國之大節也而節政之所成也故慎制祀以爲國典

傳於祭天之時后稷佑坐而配食之也

疏於祭至之也○詩小雅楚茨篇我黍與與我稷翼翼我倉既盈我庾維億以爲酒食以享以祀以妥以侑以介景福毛傳妥安坐也侑勸也鄭箋以黍稷爲酒食獻之以祀先祖既又迎尸使處神坐而食之爲其嫌不飽祝以主人之辭勸之所以助孝子受大福也荀子宥坐

篇孔子觀於魯桓公之廟有欹器焉孔子問於守廟者曰此爲何器守廟者曰此蓋爲宥坐之器楊注宥與右同言人君可置於坐右以爲戒也或曰宥與侑同勸也禮記明堂位篇成王以周公爲有勳勞於天下是以封周公於曲阜地方七百里革車千乘命魯君世世祀周公以天子之禮樂是以魯君孟春乘大路載弧韣旂十有二旒日月之章祀帝于郊配以后稷天子之禮也

宗祀文王於明堂以配上帝

傳 上言郊祀此言宗祀取名雖殊其誼一也明堂禮誼之堂卽周公相成王所以朝諸侯者也○相息亮反朝直遙反

疏 明堂至者也○禮記明堂位篇武王崩成王幼弱周公踐天子之位以治天下六年朝諸侯於明堂制禮作樂頒度量而天下大服大戴禮明

堂篇明堂者古有之也九九室一室而有四戸八牖三十六戸七十二牖以茅蓋屋上圓下方明堂者所以明諸侯尊卑

傳 上帝亦天也文王於明堂后稷於圜丘也（圜音員）

疏 上帝至丘也○禮記祭法篇周人禘嚳而郊稷祖文王而宗武王鄭注禘郊祖宗謂祭祀以配食也此禘謂祭昊天於圜丘也祭上帝於南郊曰郊祭五帝五神於明堂曰祖宗祖宗通言爾疏曰此一經論有虞氏以下四代禘郊祖宗所配之人有虞氏禘黃帝者謂虞氏冬至祭昊天上帝於圜丘大禘之時以黃帝配之又祭義篇唯聖人爲能饗帝孝子爲能饗親鄭注謂祭之能使之饗也帝天也家語五帝篇康子曰吾聞句芒爲木正祝融爲火正蓐收爲金正玄冥爲水正后土爲土正此五行之主而不亂稱曰帝者何也孔子曰凡五正者五行之官名佐成上帝而稱五

帝太皞之屬配焉亦云帝從其號王沚天至尊物不可以同其號亦兼稱上帝上得包下五行佐成天事謂之五帝以地有五行而其精神在上故亦謂之上帝黃帝之屬故亦稱帝蓋從大五帝之號故王者雖號稱帝而不得稱天帝而曰天子者天子與父其尊卑相去遠矣曰天王者言乃天下之王也周禮大司樂篇九樂圜鐘爲宮黃鐘爲角大簇爲徵姑洗爲羽靁鼓靁鼗孤竹之管雲和之琴瑟雲門之舞冬日至於地上之圜丘奏之若樂六變則天神皆降可得而禮矣

是以四海之內各以其職來助祭夫聖人之德又何以加於孝乎

傳 人主以孝道化民則民一心而奉其上萬姓之事固非用威烈以忠愛也○夫音扶

疏 ○人主至愛也○管子形勢

解主有天道以御其民則民一心而奉其上故能貴富而久王天下失天之道則民離叛而不聽從故主危而不得久王天下

傳　周公秉人君之權操必化之道以治必用之民處人主之勢以御必服之臣○秉音丙操七刀反處昌呂反

疏　周公至之臣○管子明法解明主在上位有必治之勢則羣臣不敢爲非是故羣臣之不敢欺主者非愛主也以畏主之威勢也百姓之爭用非以愛主也以畏主之法令也故明主操必勝之數以治必用之民處必尊之勢以制必服之臣故令行禁止主尊而臣卑故明法曰尊君卑臣非計親也以勢勝也

傳　是以教行而下順海內公侯奉其職貢咸來助祭聖孝之極也復何以加之孝乎　復○

（扶又反）是故親生毓之以養父母日嚴。傳育之者父母也。故其敬父母之心生於育之恩，是以愛養其父母而致尊嚴焉。（毓，古育字。養，羊尚反，傳同。日，人質反）聖人因嚴以教敬，因親以教愛。傳言其不失於人情也。其因有尊嚴父母之心而教以愛敬，所以愛敬之道成，因本有自然之心也。聖人之教不肅而成，其政不嚴而治，其所因者本也。傳凡聖人設教，皆緣人之本性而道達之也。故不加威肅而教成，不加嚴刑而

政治以其皆因人之本性故也 傳 ○治直吏反 同道音導

父母生績章第十一 ○經三十字

子曰父子之道天性也 傳 言父慈而教子愛而箴愛敬之情出於中心乃其天性非因篤也 疏 言父至天性 ○左傳昭二十六年晏子曰禮之可以爲國也久矣與天地並令臣共父慈子孝兄愛弟敬夫和妻柔姑慈婦聽禮也君令而不違臣共而不貳父慈而教子孝而箴兄愛而友弟敬而順夫和而義妻柔而正姑慈而從婦聽而婉禮之善物也 ○非因篤也 ○禮記中庸篇天之生物必因其材而篤焉故栽者培之傾者覆之

君臣之誼也 傳 親愛相加則爲父子之恩尊嚴

之則有君臣之誼焉此又所以爲兼之事也

父母生之續莫大焉君親臨之厚莫重焉

傳 續功也父母之生子撫之育之顧之復之攻苦之功莫大焉者也有君親之愛臨長其子恩情之厚莫重焉者也○長丁丈反

疏 續功至復之○詩小雅蓼莪篇父兮生我母兮鞠我拊我畜我長我育我顧我復我出入腹我欲報之德昊天罔極○攻苦之功○漢書叔孫通傳高帝欲以趙王如意易太子通諫曰昔者晉獻公以驪姬故廢太子立奚齊晉國亂者數十年爲天下笑秦以不早定扶蘇胡亥詐立自使滅祀此陛下所親見今太子仁孝天下皆聞之呂后與陛下攻苦食啖其可背哉師古注啖

當作淡淡淡謂無味之食也言共攻
擊勤苦之事而食無味之食也

傳 凡上之所施於下者厚則下之報上亦厚厚薄之報各從其所施薄施而厚饋雖君不能得之於臣雖父不能得之於子民之從於厚猶飢之求食寒之欲衣厚則歸之薄則去之有由然也○饋其位反

疏 凡上至然也○管子形勢解民之所以守戰至死而不衰者上之所以加施於民者厚也故上施厚則民之報上亦厚上施薄則民之報上亦薄故薄施而厚責君不能得之於臣父不能得之於子故曰往者不至來者不極又曰民之從有道也如飢之先食也如寒之先衣也如暑之先陰也故有道則民歸之無道則民去之故曰

道往者其人莫來道來者其人莫往

孝優劣章第十二○經一百二十字

子曰不愛其親而愛他人者謂之悖德不敬其親而敬他人者謂之悖禮**傳**盡愛敬之道以事其親然後施之於人孝之本也違是道則悖亂德禮也○悖補對反下及傳皆同以訓則昏民亡則焉**傳**夫德禮不易靡人不懷德禮之悖人莫之歸○亡音無夫音扶**疏**夫德至之歸○左傳僖七年管仲言於齊侯曰臣聞之招攜以禮懷遠以德德禮不易無人不懷**傳**故以訓民則昏

亂昏亂之教則民無所取法也不宅於善而皆在於凶德

傳 宅居也孝弟敬順爲善德昏亂無法爲凶德不愛其親非孝弟也不敬其親非敬順也故曰不居於善皆在於凶德也○弟大計反下同

疏 宅居至德也○左傳文十八年莒紀公生太子僕又生季佗愛季佗而黜僕僕因國人以弑紀公以其寶玉來奔季文子使司寇出諸竟曰今日必達公問其故季文子使大史克對曰孝敬忠信爲吉德盜賊藏姦爲凶德夫莒僕則其孝敬則弑君父矣則其忠信則竊寶玉矣其人則盜賊也其器則姦兆也保而利之則主藏也以訓則昏民無則焉不度於善而皆在於凶德是以去之

雖得志君子弗

從也。**傳**得志謂居位行德也。不諂而富貴於我如浮雲，無潤澤於萬物，故君子弗從。以言邦無善政，不昧食其祿也。**疏**不諂至浮雲○論語述而篇子曰：飯疏食飲水，曲肱而枕之，樂亦在其中矣。不義而富且貴，於我如浮雲。君子則不然。**傳**既不爲悖德悖禮之事，又不爲苟求富貴也。言思可道，行思可樂。**傳**言則思忠，行則思敬，不虛言行也。思可道之言，然後乃言，言必信也。思可行之事，然後乃行，行必果也。合乎先王之法言，故可道；合乎先王之德行故可行也。○行下孟反傳行則言行行必德行行皆同樂音洛 疏 言則至行也○論語季氏篇孔子曰君子有九思視思明聽思聰色思溫貌思恭言思忠事思敬疑思問忿思難見得思義

德誼可尊，作事可法。傳 立德行誼不違道正，故可尊也。制作事業動得物宜，故可法也。疏 制作事業○禮記樂記篇王者功成作樂治定制禮其功大者其樂備其治辨者其禮具又曰聖人作樂以應天制禮以配地禮樂明備天地官矣天尊地卑君臣定矣卑高以陳貴賤位矣動靜有常小大殊矣周易上繫辭形而上者謂之道形而下者謂之器化而裁之謂之變推而行之謂之通舉而措之天下之民謂之事業管子君臣篇道也者上之所以導民也是故道德出於君制令傳於相事業程於官百姓之

力也胥令而動者也又輕重乙篇管子曰國有十歲之蓄而民食不足者皆以其事業望君之祿也君有山海之財而民用不足者皆以其事業交接於上者也故租籍君之所宜得也正籍者君之所彊求也淮南子兵畧訓德義足以懷天下之民事業足以當天下之急○動得物宜故可法也○周易上繫辭成性存存道義之門聖人有以見天下之賾而擬諸其形容象其物宜是故謂之象聖人有以見天下之動而觀其會通以行其典禮繫辭焉以斷其吉凶是故謂之爻

容止可觀進退可度○

傳 容止威儀也進退動靜也正其衣冠尊其瞻視俯仰曲折必合規矩則可觀矣詳其舉止審其動靜進退周旋不越禮法則可度矣度者其

禮法也【疏】容止至法也○論語堯曰篇君子正其衣冠尊其瞻視儼然人望而畏之斯不亦威而不猛乎管子弟子職篇凡拚之紀必由奧始俯仰磬折拚毋有徹家語執轡篇善御馬者正身以總轡均馬力齊馬心迴旋曲折唯其所之故可以取長道可以赴急疾左傳定公十五年邾隱公來朝子貢觀焉邾子執玉高其容仰公受玉卑其容俯子貢曰以禮觀之二君者皆有死亡焉夫禮死生存亡之體也將左右周旋進退俯仰於是乎取之朝祀喪戎於是乎觀之今正月相朝而皆不度心已亡矣嘉事不體何以能久禮記玉藻篇古之君子必佩玉右徵角左宮羽趨以采齊行以肆夏周還中規折還中矩進則揖之退則揚之然後玉鏘鳴也尚書大傳咎繇謨篇天子將出則撞黄鐘右五鐘皆應馬鳴中律步者皆有容駕者皆有文御者皆有數步者中規折還中矩立則磬折拱則抱

皷然後大師奏登車告出也以臨其民是以其民畏而愛之則而象之。傳以者以君子言行德誼進退之事也整齊嚴栗則民畏之溫良寬厚則民愛之畏之則用愛之則親民親而用則君道成矣○行下孟反疏整齊至成矣○管子形勢解人主者溫良寬厚則民愛之整齊嚴莊則民畏之故民愛之則親畏之則用夫民親而爲用主之所急也故曰且懷且威則君道備矣傳君有君之威儀則臣下則而象之故其在位可畏施舍可愛進退可度周旋可則容止可觀作事可法德誼可象聲氣可樂

動作有文言語有章以臨其民謂之有威儀也○樂音洛

疏　君有至儀也○左傳襄三十一年衛侯在楚北宮文子見令尹圍之威儀言於衛侯曰令尹似君矣將有他志雖獲其志不能終也詩云靡不有初鮮克有終終之實難令尹其將不免公曰子何以知之對曰詩云敬慎威儀惟民之則令尹無威儀民無則焉民所不則以在民上不可以終公曰善哉何謂威儀對曰有威而可畏謂之威有儀而可象謂之儀君有君之威儀其臣畏而愛之則而象之故能有其國家令聞長世臣有臣之威儀其下畏而愛之故能守其官職保族宜家順是以下皆如是是以上下能相固也衛詩曰威儀棣棣不可選也言君臣上下父子兄弟內外大小皆有威儀也周詩曰朋友攸攝攝以威儀言朋友之道必相教訓以威儀也周書數文王之德曰大國畏其

力小國懷其德言畏而愛之也詩云不識不知順帝之則言則而象之也紂囚文王七年諸侯皆從之囚紂於是乎懼而歸之可謂愛之文王伐崇再駕而降爲臣蠻夷帥服可謂畏之文王之功天下誦而歌舞之可謂則之文王之行至今爲法可謂象之有威儀也故君子在位可畏施舍可愛進退可度周旋可則容止可觀作事可法德行可象聲氣可樂動作有文言語有章以臨其下謂之有威儀也

故能成其德教而行其政令

[傳] 上正身以率下下順上而不違故德教成而政令行也

[疏] 上正至行也○尚書畢命篇政由俗革不臧厥臧民罔攸勸惟公懋德克勤小物弼亮四世正色率下罔不祗師言嘉績多于先王漢書董仲舒傳膠西王聞仲舒大儒善待之仲舒恐久獲辜病免凡相兩國輒事驕王正

元祿本保族供祀作保家族供祭祀

身以率下數上疏諫爭教令國中所居而治傳教成政行君能有其國家令聞長世臣能守其官職保族供祀順是以下皆如是是以上下能相固也○聞音問

疏教成至固也○左傳襄三十一年北宮文子曰君有君之威儀其臣畏而愛之則而象之故能有其國家令聞長世臣有臣之威儀其下畏而愛之故能守其官職保族宜家順是以下皆如是是以上下能相固也

詩云淑人君子其儀不忒傳國風曹詩尸鳩之章也言善人君子之於威儀無差忒所以明用上誼也○忒他得反

疏言善至差忒○詩曹風鳲鳩篇鄭箋曰淑善儀義也忒疑也善人君子其執義不疑則可

爲四國之長

紀孝行章第十三 ○經九十三字

子曰孝子之事親也傳條說所以事親之誼也居則致其敬養則致其樂傳謂虔恭朝夕盡其歡愛和顏說色致養父母孝敬之節也

○養羊尚反傳同樂音洛說音悅

疏虔恭朝夕○詩商頌那篇我有嘉客亦不夷懌乎自古在昔先民有作温恭朝夕執事有恪左傳襄二十三年季氏以公鉏爲馬正慍而不出閔子馬見之曰子無然禍福無門唯人所召爲人子者患不孝不患無所敬共父命何常之有若能孝敬富倍季氏可也姦回不軌禍倍下民可也公鉏然之敬共朝夕恪居

官次季孫喜使飲己酒而以具往盡舍旃○
盡其歡愛○禮記檀弓篇子路曰傷哉貧也
生無以爲養死無以爲禮也孔子曰啜菽飲
水盡其歡斯之謂孝歛首足形還葬而無椁
稱其財斯之謂禮又見家語曲禮子貢問篇
○和顏說色○禮記內則篇適父母舅姑之
所及所下氣怡聲問衣燠寒疾痛苛癢而敬
抑搔之出入則或先或後而敬扶持之進盥
少者奉槃長者奉水請沃盥盥卒授巾問所
欲而敬進之柔色以温之鄭注温藉也承尊
者必和顏色呂氏春秋孝行覽曾子曰父母
生之子弗敢殺父母置之子弗敢廢父母全
之子弗敢闕故舟而不遊道而不徑能全支
體以守宗廟可謂孝矣養有五道修宮室安
牀笫節飲食養體之道也樹五色施五采列
文章養目之道也正六律和五聲雜八音養
耳之道也熟五穀烹六畜和煎調養口之道
也和顏色說言語敬進退養志之道也此五

者代進而厚用之可謂善養矣疾則致其憂。喪則致其哀。祭

則致其嚴【傳】父母有疾憂心慘悴卜禱嘗藥

食從病者衣冠不解行不正履所謂致其憂

也○慘千感反悴在醉反【疏】卜禱嘗藥○尚書金縢篇既克商二年王有疾弗豫

二公曰我其為王穆卜禮記曲禮篇君有疾

飲藥臣先嘗之親有疾飲藥子先嘗之又文

王世子篇若內豎言疾則世子親齊玄而養

膳宰之饌必敬視之疾之藥必親嘗之○食

從至憂也○禮記曲禮篇父母有疾冠者不

櫛行不翔言不惰琴瑟不御食肉不至變味

飲酒不至變貌笑不至矧怒不至詈疾止復

故又文王世子篇文王之為世子朝於王季

日三雞初鳴而衣服至於寢門外問內豎之

御者曰今日安否何如內豎曰安文王乃喜

及日中又至亦如之及莫又至亦如之其有不安節則內豎以告文王文王色憂行不能正履王季復膳然後亦復初食上必在視寒煖之節食下問所膳命膳宰曰末有原應曰諾然後退武王帥而行之不敢有加焉文王有疾武王不說冠帶而養文王一飯亦一飯文王再飯亦再飯旬有二日乃間又玉藻篇親老出不易方復不過時親瘠色容不盛此孝子之疏節也

傳 親既終沒思慕號咷斬衰歠粥卜兆祖葬所謂致其哀也○號戶刀反咷道刀反衰七雷反歠川悅反

疏 親既至哀也○禮記三年問篇三年之喪二十五月而畢哀痛未盡思慕未忘然而服以是斷之者豈不送死有已復生有節也哉家語五刑解不孝者生於不仁不仁者生於喪祭之禮不明喪祭之禮所以教仁愛也能致仁愛則服喪思慕祭祀不懈人子

饋養之道也周易同人九五同人先號咷而後笑又旅上九鳥焚其巢旅人先笑後號咷喪牛于易凶大戴禮哀公問五義篇魯哀公曰今夫章甫句屨紳帶而搢笏者此皆賢乎孔子曰否不必然今夫端衣玄裳冕而乘路者志不在於食葷斬衰菅屨杖而歠粥者志不在於飲食故生乎今之世志古之道居今之俗服古之服舍此而爲非者雖有不亦鮮乎禮記三年問篇斬衰苴杖居廬食粥寢苫枕塊所以爲至痛飾也穀梁傳昭十九年許世子止哭泣歠飦粥嗌不容粒孟子滕文公篇孔子曰君薨聽於冢宰歠粥面深墨即位而哭百官有司莫敢不哀先之也

傳 既葬後反虞祔練祥之祭及四時吉祀盡其齊敬之心又竭其尊肅之敬所謂致其嚴也○祔音附齊側皆反

疏 既葬至吉祀○禮記

雜記篇孔子曰凡喪小功以上非虞附練祥無沐浴家語曲禮子夏問篇子夏問於孔子曰凡喪小功以上虞祔練祥之祭皆沐浴於三年之喪子則盡其情矣孔子曰豈徒祭而已哉又祭統篇凡祭有四時春祭曰礿夏祭曰禘秋祭曰嘗冬祭曰烝礿禘陽義也嘗烝陰義也禘者陽之盛也嘗者陰之盛也故曰莫重於禘嘗古者於禘也發爵賜服順陽義也於嘗也出田邑發秋政順陰義也○盡其齊敬之心○禮記檀弓篇唯祭祀之禮主人自盡焉爾豈知神之所饗亦以主人有齊敬之心也又禮器篇子路爲季氏宰季氏祭逮闇而祭日不足繼之以燭雖有彊力之容肅敬之心皆倦怠矣有司跛倚以臨祭其爲不敬大矣又祭義篇孝子之祭也盡其慤而慤焉盡其信而信焉盡其敬而敬焉盡其禮而不過失焉進退必敬如親聽命則或使之也孝子之祭可知也其立之也敬以詘其進之

也敬以愉其薦之也敬以欲退而立如將受命已微而退敬齊之色不絶於面孝子之祭也立而不詘固也進而不愉疏也薦而不欲不愛也退立而不如受命敖也已徹而退無敬齊之色忘本也如是而祭失之矣五者備矣然後能事其親

傳 五者奉生之道三事死之道二備此五者之誼乃可謂能事其親也事親者居上不驕爲下不亂在醜不爭

傳 上上位也醜羣類也不驕善接下也不亂奉上命也不爭務和順也

疏 醜羣類也○周易下象傳夫征不復離羣醜也詩魯頌泮水篇順彼長道屈此羣醜毛傳醜衆也左傳定四年子魚曰分魯公以大路大旂夏后氏之璜封父之繁弱殷

氏六族條氏徐氏蕭氏索氏長勺氏尾勺氏使帥其宗氏輯其分族將其類醜以法則周公用即命于周杜注醜衆也○不驕善接下也○尚書太甲篇王懋乃德視乃厥祖無時豫怠奉先思孝接下思恭視遠惟明聽德惟聰朕承王之休無斁家語本命篇昔堯治天下之位猶允恭以持之克讓以接下是以千歲而益盛迄今而逾彰夏桀昆吾自滿而無極亢意而不節斬刈黎民如草芥焉天下討之如誅匹夫是以千載而惡著迄今而不滅

居上而驕則亡爲下而亂則刑在醜而爭則兵

傳 驕而無禮所以亡也亂而不恭所以刑也爭而不讓所以兵也謂兵刃見及也

此三者不除雖日用三牲之養繇爲不孝也○

傳 三

者謂驕亂爭也不除言在身也三牲牛羊豕也○養羊尚反傳同繇音由 **疏** 三牲牛羊豕也○詩小雅采菽篇采菽采菽筐之筥之鄭箋菽大豆也采之者采其葉以為藿三牲牛羊豕芼以藿王饗賓客有牛俎乃用鉶羹故使采之周禮宰夫職凡朝覲會同賓客以牢禮之灋掌其牢禮鄭注牢禮之灋多少之差及其時也三牲牛羊豕具為一牢公羊傳桓八年何注曰禮天子諸侯卿大夫牛羊豕凡三牲曰大牢天子元士諸侯之卿大夫羊豕凡二牲曰少牢諸侯之士特豕天子之牲角握諸侯角尺卿大夫索牛又莊二十三年注曰天子用三牲諸侯用羊豕 **傳** 繇固也三者在身死亡將至既自受禍父母蒙患雖日用三牲供養固為不孝也 **疏** 父母蒙患○禮

孟子曰不孝有三矣無後爲大

記內則篇父母雖沒將爲善思貽父母令名必果將爲不善思貽父母羞辱必不果孟子離婁篇孟子曰世俗所謂不孝者五惰其四支不顧父母之養一不孝也博奕好飮酒不顧父母之養二不孝也好貨財私妻子不顧父母之養三不孝也從耳目之欲以爲父母戮四不孝也好勇鬬很以危父母五不孝也

五刑章第十四 〇經三十七字

子曰五刑之屬三千。傳五刑謂墨劓刵宮大辟也其三千條墨辟之屬千刻其顙墨之也劓辟之屬千截其鼻也刵辟之屬五百斷其足也宮辟之屬三百割其勢也大辟之屬二百死刑也。凡五刑之屬三千也。○（劓魚器反剕扶味反辟婢亦反下同辠息即反斷音短）**疏**（五刑至千也○尚書呂刑篇墨罰之屬千劓罰之屬千剕罰之屬五百宮罰之屬三百大辟之罰其屬二百五刑之屬三千上下比罪無僭亂辭勿用不行）而辠莫大於不孝。**傳**言不孝之辠大於三千之刑也。辠者謂居上而驕爲下而亂在醜而爭之比也。○（辠古罪字）要君者亡上，非聖人者亡法，非孝者亡親。**傳**要謂約勒也。君者所以稟命也，而要之，此有無上之心者也。聖人制法所以爲治也，而非之，此有無法之心

者也孝者親之至也而非之此有無親之心者也三者皆不孝之甚也○要於遙反傳同亡音無下同勸即得反治直吏反

疏 要謂約勸也○公羊傳宣六年趙盾踏階而走靈公有周狗謂之獒呼獒而屬之趙盾顧曰君之獒不若臣之獒也然而宮中甲鼓而起何注甲即上所道伏甲約勸聞鼓聲當起殺盾○君者所以稟命也○尚書說命篇王宅憂亮陰三祀既免喪其惟弗言羣臣咸諫于王曰嗚呼知之曰明哲明哲實作則天子惟君萬邦百官承式王言惟作命不言臣下罔攸稟令○國語晉語晉悼公曰抑人之有元君將稟命焉若稟而棄之是焚穀也其稟不材是穀不成也穀之不成孤之咎也成而焚之二三子之虐也孤欲長處其願出令將不敢不成

此大亂之道也。

傳 此無上無

法無親也言其不恥不仁不畏不誼爲大亂之本不可不絶也凡爲國者利莫大於治害莫大於亂○治直吏反下同

疏○不恥不仁不畏不誼周易下繫辭君子藏器於身待時而動何不利之有動而不括是以出而有獲語成器而動者也小人不恥不仁不畏不義不見小利不勸不威不懲小懲而大誡此小人之福也○凡爲至於亂○管子正世篇夫利莫大於治害莫大於亂夫五帝三王所以成功立功顯於後世者以爲天下致利除害也

傳亂之所生生於不祥上不愛下下不供上則不祥也羣臣不用禮誼則不祥也有司離法而專違制則不祥也故法者至

道也聖君之所以爲天下儀存亡治亂之所出也君臣上下皆發焉是以明王置儀設法而固守之卿相不得存其私羣臣不得便其親百官之事案以法則姦不生暴慢之人繩以法則禍亂不起夫能生法者明君也能守法者忠臣也能從法者良民也○離力智反相息亮反夫音扶

疏　亂之至民也○管子任法篇黃帝之治也置法而不變使民安其法者也所謂仁義禮樂者皆出於法此先聖之所以一民者也周書曰國法法不一則有國者不祥民不道法則不祥又曰羣臣不用禮義教訓則不祥百官服事者離法而治則不祥故曰法者

不可恒也存亡治亂之所從出聖君所以爲天下大儀也君臣上下貴賤皆發焉故曰法者古之法也世無請謁任舉之人無問識博學辨說之士無偉服無奇行皆囊於法以事其上故明王之所恒者二一曰明法而固守之二曰禁民私而收使之此二者主之所恒也夫法者上之所以一民使下也私者下之所以侵法亂主也故聖君置儀設法而固守之然故諶杵習士聞識博學之人不可亂也衆彊富貴私勇者不能侵也信近親愛者不能離也珍恠奇物不能惑也萬物百事非在法之中者不能動也故法者天下之至道也聖君之實用也今天下則不然皆有善法而不能守也然故諶杵習士聞識博學之士能以其智亂法惑上衆彊富貴私勇者能以其威犯法侵陵鄰國諸侯能以其權置子立相大臣能以其私附百姓翦公財以祿私士凡如是而求法之行國之治不可得也聖君則不

然卿相不得蔽其私，羣臣不得辟其所親愛，聖君亦明其法而固守之，羣臣修通輻湊以事其主，百姓輯睦聽令道法以從其事。故曰：有生法，有守法，有法於法。夫生法者君也，守法者臣也，法於法者民也。君臣上下貴賤皆從法，此謂之大治。

古文孝經孔傳參疏卷之中

夫而傳仁

○公孫丑曰君子之不教子何也、孟子曰勢不行也、教者必以正。以正不行。繼之以怒、繼之以怒則反傷也、夫子教我以正、夫子未出正也、則是父子反目也、父子反目則惡矣、古者易子而教之、父子之間不責善、責善則離、離則不祥莫大焉

不孝之目

○孟子曰世俗所謂不孝者五。惰其四支不顧父母之養、一不孝也、博奕好飲酒、不顧父母之養、二不孝也、好貨財私妻子不顧父母之養、三不孝也、從耳目之欲以為父母

辱、四不孝也、好勇鬭狠以危父母、五不孝
也、夫章子、子父責善而不相遇也、責善
朋友之道也、父子責善則賊恩之大者也

夫子之道忠恕而已矣
傳曰積貞愛爲仁

古文孝經孔傳參疏卷之下

山中祐之輯

兼山先生閱　葛山壽

荻原萬世同校

廣要道章第十五〇經八十一字

子曰教民親愛莫善於孝【傳】孝者愛其親以及人之親孝行著而愛人之心存焉〇行下孟反

【疏】孝者至存焉〇孟子梁惠王篇老吾老以及人之老幼吾幼以及人之幼天下可運於掌【傳】故欲民之相親愛則無善於先教之以

孝也教民禮順莫善於弟

傳 弟者敬其兄以及人之長能弟者則能敬順於人者也故欲民之以禮相順則無善於先教之以弟也○弟大計反傳同長丁丈反

移風易俗莫善於樂

傳 風化也俗常也移太平之化易衰弊之常也樂五聲之主盪滌人之心使和易專一由中情出者也其聞之者雖不識音猶屏息靜聽深思遠慮○盪唐黨反滌徒歷反和易以豉反屏必領反

疏 樂五聲之主○尚書益稷篇予欲聞六律五聲八音在治忽以出納五言汝聽予違汝弼汝無面從退有後言禮記樂記

篇宮爲君商爲臣角爲民徵爲事羽爲物五
者不亂則無怗懘之音矣宮亂則荒其君驕
商亂則陂其臣壞角亂則憂其民怨徵亂則
哀其事勤羽亂則危其財匱五者皆亂迭相
陵謂之慢如此則國之滅亡無日矣管子七
臣七主篇芒主目伸五色耳常五聲四鄰不
計司聲不聽則臣下恣行而國權大傾不許
則所惡及身○盪滌人之心○史記樂書凡
作樂者所以節樂君子以謙退爲禮以損減
爲樂樂其如此也以爲州異國殊情習不同
故博采風俗協和聲律以補短移化助流政
敎天子躬於明堂臨觀而萬民皆蕩滌邪穢
斟酌飽滿以飾厥性故云雅頌之音理而民
正嘄噭之聲興而士奮鄭衞之曲動而心淫
及其調和諧合鳥獸盡感而況懷五常含好
惡自然之勢也白虎通禮樂篇樂所以蕩滌
及其邪惡也禮所以防淫佚節其侈靡也○
由中情出者也○禮記樂記篇仁以愛之義

以正之如此則民治行矣樂由中出禮自外作樂由中出故靜禮自外作故文大樂必易大禮必簡樂至則無怨禮至則不爭揖讓而治天下者禮樂之謂也○屏息靜聽○論語鄉黨篇攝齊升堂鞠躬如也屏氣似不息者出降一等逞顏色怡怡如也列子黃帝篇列子謂尹生曰今女之片體將氣所不受汝之一節將地所不載履虛乘風其可幾乎尹生甚作屏息良久不敢復言○荀子勸學篇昔者瓠巴鼓瑟而流魚出聽伯牙鼓琴而六馬仰秣故聲無小而不聞行無隱而不形○深思遠慮○白虎通禮樂篇樂者先王之所以飾喜也軍旅鈇鉞所以飾怒也故先王之喜怒皆得其齊焉喜則天下和之怒則暴亂者畏之先王之道禮樂可謂盛矣聞角聲莫不惻隱而慈者聞徵聲莫不喜養好施者聞商聲莫不剛斷而立事者聞羽聲莫不深思而遠慮者聞宮聲莫不温潤而寬和者也

傳

其知音則循宮商而變節隨角徵以改操是以古之教民莫不以樂以皆爲無尚之故也

○徵張里反【疏】其知至故也○禮記樂記篇凡音者生於人心者也樂者通倫理者也是故知聲而不知音者禽獸是也知音而不知樂者衆庶是也唯君子爲能知樂是故審聲以知音審音以知樂審樂以知政而治道備矣是故不知聲者不可與言音不知音者不可與言樂知樂則幾於禮矣

安上治民莫善於禮【傳】言禮最其善孝弟之實用也國無禮則上下亂而貴賤爭賢者失所不肖者蒙幸是故明王之治崇等禮以顯之設爵級以休之班祿賜

以勸之所以政成也○弟大計反 **疏** ○言禮至成也 管子版法解凡人君者欲民之有禮義也夫民無禮義則上下亂而貴賤爭故日慶勉敦敬以顯之富祿有功以勸之爵貴有名以休之又明法解明主之治也縣爵祿以勸其民民有利於上故主有以使之立刑罰以威其下下有畏於上故主有以牧之故無爵祿則主無以勸民無刑罰則主無以威衆

禮者敬而已矣 **傳** 禮主於敬敬出於孝弟是故禮經三百威儀三千皆殊事而合敬異流而同歸也○弟大計反 **疏** ○禮主於敬 公羊傳文九年秦人歸僖公成風之襚傳曰其言僖公成風何兼之兼之非禮也何注禮主于敬當各使一使所以別尊卑也○敬出至三千○禮記禮器篇禮有大有小有顯有微大者

不可損小者不可益顯者不可揜微者不可大也故禮經三百曲禮三千其致一也又中庸篇大哉聖人之道洋洋乎發育萬物峻極于天優優大哉禮儀三百威儀三千待其人而後行家語弟子行篇子曰禮經三百可勉能也威儀三千則難也公西赤問曰何謂也子曰貌以儐禮禮以儐辭是爲難焉○皆殊至歸也○周易下繫辭易曰憧憧往來朋從爾思天下何思何慮天下同歸而殊塗一致而百慮天下何思何慮日往則月來月往則日來日月相推而明生焉禮記樂記篇禮者殊事合敬者也樂者異文合愛者也禮樂之情同故明王以相沿也管子形勢解神農教耕生穀以致民利禹身決瀆斬高橋下以致民利湯武征伐無道誅殺暴亂以致民利故明王之動作雖異其利民同也故曰萬事之任也異起而同歸古今一也

故敬其父則子說敬其兄則

弟說敬其君則臣說。**傳**此言先王以子弟臣道化天下而天下子弟臣說喜也教之以孝是敬其父教之以弟是敬其兄教之以臣是敬其君也○說音悅傳同弟大計反敬一人而千萬人說。**傳**上說所以施敬之事此總而言也一人者各謂其父兄君千萬人者群子弟及臣也○說音悅所敬者寡而說者衆此之謂要道也。**傳**寡謂一人也衆謂千萬人也以孝道化民此其要者矣所以說成敬一人之誼也○說音悅

夫子之道忠恕而已矣

廣至德章第十六 ○經八十三字

子曰。君子之教以孝也。非家至而日見之也。

傳 此又所以申明上章之誼焉。言君子之教民以孝、非家至而日見語之也。君子亦謂先王也。夫蛟龍得水、然後立其神。聖人得民、然後成其化也。○語魚據反。夫音扶。蛟音交。

疏 夫蛟至化也 ○管子形勢篇、天不變其常、地不易其則、春秋冬夏不更其節、古今一也。蛟龍得水而神可立也。虎豹得幽而威可載也。解曰、蛟龍、水蟲之神者也。乘於水則神立、失於水則神廢。人主、天下之有威者也。得民則威立、失民則威廢。蛟龍待得水而後立其神、人主待得民而後成其威。

里仁篇子曰參乎吾道一以貫之曾子曰唯子出門人問曰何謂也曾子曰夫子之道忠恕而已矣

故曰蛟龍得水而神可立也教以孝所以敬天下之爲人父者也傳所謂敬其父則子說也以孝道教卽是敬天下之爲人父者也○說音悅教以弟所以敬天下之爲人兄者也傳所謂敬其兄則弟說也以弟道教卽是敬天下之爲人兄者也○弟大計反傳以弟同說音悅教以臣所以敬天下之爲人君者也傳所謂敬其君則臣說也以臣道教卽是敬天下之爲人君者也古之帝王父事三老兄事五更君事皇尸所以示子弟臣

人之道也及其養國老則天子袒而割牲執醬而饋之執爵而酳之盡忠敬於其所尊以大化天下焉皇君也事尸者謂祭之象者也尸即所祭之像故臣子致其尊嚴也○說音悅更音庚下同袒音但饋其位反酳以仞反

疏

父事三老兄事五更○禮記文王世子篇適東序釋奠於先老遂設三老五更羣老之席位焉鄭注三老五更各一人也皆年老更事致仕者也天子以父兄養之示天下之孝悌也名以三五者取象三辰五星天所因以照明天下者羣老無數其禮亡以鄉飲酒禮言之席位之處則三老如賓五更如介羣老如衆賓必也又樂記篇食三老五更於大學鄭注三老五更互言之耳皆老人更知三德五事

者也又祭義篇至孝近乎王至弟近乎霸至
孝近乎王雖天子必有父至弟近乎霸雖諸
侯必有兄先王之教因而弗改所以領天下
國家也鄭注天子有所父事諸侯有所兄事
若三老五更也白虎通王者不臣篇王者有
蹔不臣者五謂祭尸受授之師將帥用兵三
老五更不臣祭尸者方與尊者配也不臣受
授之師者尊師重道欲使極陳天人之意也
故禮學記曰當其爲師則不臣也當其爲尸
則不臣也不臣將帥用兵者重士衆爲敵國
國不可從外治兵不可從內御欲成其威一
其令春秋之義兵不稱使明不可臣也不臣
三老五更者欲率天下爲人子弟蔡邕獨斷
天子父事三老者適成於天地人也兄事五
更者訓於五品也更者長也更相代至五也
能以善道改更己也又三老老謂久也舊也
壽也又五更或爲叟叟老稱與三老同義也
後漢書明帝紀冬十月壬子幸辟雍初行養

老禮詔曰令月元日復踐辟雍尊事三老兄
事五更注引孝經援神契曰尊事三老父象
也宋均注曰老人知天地之事者五更老人
知五更更代事者漢官儀曰三老五更皆取
首妻男女全具者續漢志曰養三老五更先
吉日司徒上大傅若講師故三公人名用其
德行年耆高者三公一人爲三老次卿一人
爲五更文選東京賦執鑾刀以袒割奉觴豆
於國叟○君事皇尸○詩大雅旣醉篇令終
有俶公尸嘉告毛傳公尸天子以卿言諸侯
也禮記祭統篇及入舞君執干戚就舞位君
爲東上冕而摠干率其羣臣以樂皇尸鄭注
皇尸君也言君尸者尊之○其養國老○周禮
羅氏職中春羅春鳥獻鳩以養國老行羽物
大戴禮保傅篇春秋入學坐國老執醬而親
遺之所以明有孝也禮記月令篇仲秋養衰
老授几杖行麋粥飲食又内則篇有虞氏養
國老於上庠養庶老於下庠夏后氏養國老

於東序養庶老於西序殷人養國老於右學
養庶老於左學周人養國老於東膠養庶老
於虞庠虞庠在國之西郊有虞氏皇而祭深
衣而養老夏后氏收而祭燕衣而養老殷人
冔而祭縞衣而養老周人冕而祭玄衣而養
老○大子至下焉○禮記祭義篇食三老五
更於大學天子袒而割牲執醬而饋執爵而
酳冕而總干所以教諸侯之弟也是故鄉里
有齒而老窮不遺彊不犯弱衆不暴寡此由
大學來者也○尸即所祭之像○禮記郊特
牲篇舉斝角詔妥尸古者尸無事則立有事
而后坐也尸神象也公羊傳宣八年何注曰
禮天子以卿爲尸諸侯以大夫爲尸卿大夫
以下以孫爲尸夏立尸殷坐尸周旅酬六尸
詩大雅卷阿篇鄭箋曰王之祭祀擇賢者以
爲尸尊之豫擇几擇佐食廟中有孝子有
臣尸之入也使祝贊道之扶翼之尸至設
几佐食助之尸者神象故事之如祖考　傳

三老者國之舊德賢俊而老所從問道誼故有三人焉五更者國之臣更習古事博物多識所從諮道訓故有五人焉詩云愷悌君子民之父母

傳 詩大雅泂酌之章也愷樂悌易也言君子敬以居身樂易于人其貴老慈幼忠愛之心似民之父母故以此詩明之也○愷苦亥反悌大計反泂音迥樂音洛下同易以豉反下同

疏 愷樂悌易也○詩大雅泂酌篇毛傳曰樂以彊教之易以說安之民皆有父之尊有母之親○敬以居身○管子七法篇治人如治水潦養人如養六畜用人如用草木居身論道行理則羣臣服教百吏嚴

斷莫敢開私焉論語雍也篇子曰雍也可使南面仲弓問子桑伯子子曰可也簡仲弓曰居敬而行簡以臨其民不亦可乎居簡而行簡無乃大簡乎又憲問篇子路問君子子曰脩己以敬曰如斯而已乎曰脩己以安人曰如斯而已乎曰脩己以安百姓脩己以安百姓堯舜其猶病諸○其貴至之也○禮記祭義篇先王之所以治天下者五貴有德貴貴貴老敬長慈幼此五者先王之所以定天下也貴有德何爲也爲其近於道也貴貴爲其近於君也貴老爲其近於親也敬長爲其近於兄也慈幼爲其近於子也大戴禮曾子立孝篇君子之孝也忠愛以敬反是亂也盡力而有禮莊敬而安之微諫不倦聽從而不怠懽欣忠信咎故不生可謂孝矣又文王官人篇忠愛以事其親歡欣以敬之盡力而不面敬

非至德其孰能訓民如此其大者乎

傳 孝

祿本化下作化天下

之爲德其至矣故非有孝德其誰能以孝敎民如此其大者乎言敷德以化下下皆順而從之也 **疏** 孝德○周禮師氏職師氏掌以媺詔王以三德敎國子一曰至德以爲道本二曰敏德以爲行本三曰孝德以知逆惡

應感章第十七 ○經一百十三字

子曰昔者明王事父孝故事天明事母孝故事地察 **傳** 孝謂立宗廟豐祭祀也王者父事天母事地能追孝其父母則事天地不失其道不失其道則天地之精爽明察矣 **疏** 孝謂至祀

也○禮記曲禮篇君子將營宮室宗廟爲先廐庫爲次居室爲後尚書高宗肜日篇嗚呼王司敬民罔非天胤典祀無豐于昵左傳桓六年隨侯曰吾牲牷肥腯粢盛豐備何則不信○王者父事天母事地○白虎通爵篇天子者爵稱也爵所以稱天子者何王者父天母地爲天之子也○蔡邕獨斷天子父事天母事地兄事日姊事月常以春分朝日於東門之外示有所尊訓人民事君之道也○追孝其父母○尚書文侯之命篇父義和汝克昭乃顯祖汝肇刑文武用會紹乃辟追孝于前文人汝多修扞我于艱若汝予嘉禮記坊記篇子云祭祀之有尸也宗廟之有主也示民有事也脩宗廟敬祀事教民追孝也○天地之精爽明察矣○左傳昭七年子産曰人生始化曰魄既生魄陽曰魂用物精多則魂魄彊是以有精爽至於神明

長幼順故上下治

傳 謂克明厥

德以親九族也○長丁丈反傳同治直吏反**疏**謂克至族也○尚書堯典篇克明俊德以親九族九族既睦平章百姓百姓昭明協和萬邦黎民於變時雍

傳長者於王父兄之列也幼者於王子弟之屬也能順其長幼之節則親疏有序而以之化天下上下不亂也○屬章欲反

天地明察鬼神章矣**傳**章著也天地既明察則鬼神之道不得不著也謂人神不擾各順其常禍災不生也**疏**人神不擾各順其常○國語楚語昭王問於觀射父曰周書所謂重黎實使天地不通者何也若無然民將能登天乎對曰非此之謂也古者民神不雜民之精爽不攜

武而又能齊肅衷正其知能上下比義其聖能光遠宣朗其明能光照之其聰能聽徹之如是則明神降之

故雖天子必有尊也言有父也必有先也言有兄也必有長也

傳 更申覆上誼也天子雖尊猶尊父事死如事生宗廟致敬是也長丁丈反覆芳伏反

疏 天子至是也○禮記祭義篇文王之祭也事死者如事生思死者如不欲生忌日必哀稱諱如見親祀之忠也又中庸篇踐其位行其禮奏其樂敬其所尊愛其所親事死如事生事亡如事存孝之至也荀子禮論篇賓出主人拜送反易服即位而哭如或去之哀夫敬夫事死如事生事亡如事存狀乎無形影然而成文

宗廟致敬不忘親也脩身愼行恐辱先也

傳 說所以事父母之道也立廟設主以象其生存潔齊敬祀以追孝繼思脩行揚名以顯明祖考皆孝敬之事也所以不敢不勉爲之者恐辱其先祖故也○行下孟反傳同齊側皆反

疏 立廟設主○禮記曲禮篇告喪曰天王登假措之廟立之主曰帝○潔齊至孤考○禮記祭統篇賢者之祭也致其誠信與忠敬奉之以物道之以禮安之以樂參之以時明薦之而已不求其爲此孝子之心也祭者所以追養繼孝也又坊記篇子云祭祀之有尸也宗廟之有主也示民有事也脩宗廟敬祀事教民追孝也大戴禮哀公問篇脩其宗廟歲時以敬祭祀以序宗族則安其居處醜其衣服卑其宮室車不雕幾器不刻鏤食不二味以與民同利

昔之君子之行禮者如此○皆孝敬之事也○禮記祭義篇孝子將祭慮事不可以不豫比時具物不可以不備虛中以治之宮室既脩牆屋既設百物既備夫婦齊戒沐浴奉承而進之洞洞乎屬屬乎如弗勝如將失之其孝敬之心至也與薦其薦俎序其禮樂備其百官奉承而進之於是諭其志意以其慌惚以與神明交庶或饗之庶或饗之孝子之志也○恐辱其先祖○禮記曲禮篇孝子不服闇不登危懼辱親也又內則篇父母雖沒將爲善思貽父母令名必果將爲不善思貽父母羞辱必不果又祭義篇君子生則敬養死則敬享思終身弗辱也司馬遷報任少卿書曰禍莫憯於欲利悲莫痛於傷心行莫醜於辱先詬莫大於宮刑

宗廟致敬鬼神著矣○

傳 上句言天地明察鬼神以章此句言宗廟致敬鬼神以

著言上下各致敬以祀其先人則鬼神有所依歸不相干犯也言無凶癘也〇癘音厲

疏 言上至癘也〇尚書金縢篇乃元孫不若旦多材多藝不能事鬼神乃命于帝庭敷佑四方用能定爾子孫于下地四方之民罔不祗畏嗚呼無墜天之降寶命我先王亦永有依歸左傳昭七年鄭人相驚以伯有曰伯有至矣則皆走不知所往鑄刑書之歲二月或夢伯有介而行曰壬子余將殺帶也明年壬寅余又將殺段也及壬子駟帶卒國人益懼齊燕平之月壬寅公孫段卒國人愈懼其明月子產立公孫洩及良止以撫之乃止子大叔問其故子產曰鬼有所歸乃不為厲吾為之歸也禮記祭統篇夫祭有十倫焉見事鬼神之道焉見君臣之義焉見父子之倫焉見貴賤之等焉見親疏之殺焉見爵賞之施焉見夫婦之別

足利　精　神作識　蓋漢紀　引王命論　作識徵

焉見政事之均焉見長幼之序焉見上下之際焉焉此之謂十倫鋪筵設同几爲依神也詔祝於室而出于祊此交神明之道也公羊傳成三年甲子新宮災傳曰廟災三日哭禮也何注善得禮痛傷鬼神無所依歸故君臣素縞哭之

孝弟之至通於神明光於四海亾所不曁

傳　光充也曁及也明王以孝治天下則厲鬼爲之不神不神者不爲患害也○弟大計反亾音無曁其器反爲于僞反

疏　厲鬼爲之不神○老子六十章治大國若烹小鮮以道涖天下者其鬼不神非其鬼不神其神不傷人非其神不傷人聖人亦不傷人夫兩不相傷故德交歸焉

傳　其精神徵應如此故曰通於神明又充塞于天地之間焉無

所不及言普洽也○塞先北反洽戶甲反疏又充至洽也○禮記祭義篇曾子曰夫孝置之而塞乎天地溥之而橫乎四海施諸後世而無朝夕推而放諸東海而準推而放諸西海而準推而放諸南海而準推而放諸北海而準詩云自西自東自南自北無思不服此之謂也

詩云自東自西自南自北無思不服傳詩大雅文王有聲之章也美武王孝德之至而四方皆來服從與光于四海無所不暨誼同故舉以明此誼也○匕音無疏詩大至誼也○詩大雅文王有聲篇鄭箋曰武王於鎬京行辟廱之禮自四方來觀者皆感化其德心無不歸服者

里仁十五丁
子曰參乎吾道一以貫之曾子曰唯子出門人問曰何謂也曾子曰夫子之道忠恕而已矣

廣揚名章第十八○經四十四字

子曰君子事親孝故忠可移於君傳能孝於親則必能忠於君矣求忠臣必於孝子之門也疏能孝至門也○後漢書韋彪傳彪上議曰伏惟明詔憂勞百姓垂恩選擧務得其人夫國以簡賢爲務賢以孝行爲首孔子曰事親孝故忠可移於君是以求忠臣必於孝子之門李注孝經緯之文也事兄弟故順可移於長傳善事其兄則必能順於長矣忠出于孝順出于弟故可移事父兄之忠順以事於君長也○弟大計反傳同長丁丈反傳同居家理故治可移於官傳能

理於家者則其治用可移於官君子之於人内觀其事親所以知其事君内察其治家所以知其治官是以言治者必效之以其實譽人者必試之以其官故虚言不敢自進不肖不敢處官也○治直吏反傳其治言治同譽音餘處昌呂反

疏能理至治官○論語爲政篇或謂孔子曰子奚不爲政子曰書云孝乎惟孝友于兄弟施於有政是亦爲政也奚其爲爲政○是以至官也○管子明法解國之所以亂者廢事情而任非譽也故明主之聽也言者責之以其實譽人者試之以其官言而無實者誅吏而亂官者誅是故虚言不敢進不肖者不敢受官亂主則不然聽言而不督其實故群臣以虚譽進其

黨任官而不責其功故愚汙之吏在庭如此則羣臣相推以美名相假以功伐務多其飾而不為主用故明法曰主釋法以譽進能則臣離上而下比周矣以黨舉官則民務佼而不求用也

是以行成於內而名立於後世矣

傳 孝弟之行事父兄也而忠順出焉能理于其家閨門事也而治官出焉所謂行成於內而名立於後世也昔虞舜生於畎畝父頑母嚚弟又佷傲用能理率行孝道烝烝不怠○行下孟反

傳之行行成同弟大計反畎工犬反嚚魚巾反佷與狠同胡懇反

疏 昔虞至不怠○尚書堯典篇帝曰咨四岳朕在位七十載汝能庸命巽朕位岳曰否德忝帝位曰明明揚側陋

師錫帝曰有鰥在下曰虞舜帝曰俞予聞如何岳曰瞽子父頑母嚚象傲克諧以孝烝烝乂不格姦帝曰我其試哉女于時觀厥刑于二女釐降二女于嬀汭嬪于虞帝曰欽哉

傳 天下推之萬姓詠之彌歷千載而聲聞不亾所謂揚名後世以顯父母也○推吐雷反聞音問

閨門章第十九○經二十四字

子曰閨門之內具禮矣乎○傳 上章陳孝道既詳故於此都目其爲具禮矣夫禮經國家定社稷厚人民利後嗣者也○夫音扶 疏 夫禮至者也○左傳隱十一年君子謂鄭莊公於是乎有禮禮經國家定社稷序民人利後嗣者也許無刑而

代之服而舍之度德而處之量力而行之相時而動無累後人可謂知禮矣 傳 君子脩孝於閨門而事君事長以治官之誼備存焉 ○長丁丈反 嚴親嚴兄 傳 所以言具禮之事也嚴親孝嚴兄弟也孝以事君弟以事長而忠順之節著矣 ○弟大計反下同長丁丈反 妻子臣妾繇百姓徒役也 ○ 傳 臣謂家臣僕也故家人有嚴君焉父之謂也 ○繇音由 疏 故家至謂也○周易下象傳家人女正位乎內男正位乎外男女正天地之大義也家人有嚴君焉父母之謂也父父子子兄兄弟弟夫夫婦婦而家道正正家而天下定矣 傳 父謂嚴君而兄爲尊

爲政十七下子曰見義不爲無勇也知而不爲是無勇也陽貨九十下子路曰君子尚勇乎子曰君子義以爲上君子有勇而無義爲亂小人有勇而無義爲盜[illegible]而上之也君子爲亂小人爲盜皆以位而言也[illegible][illegible]義以爲上

長則其妻子臣妾猶百姓徒役是故君子役私家之內而君人之禮具矣○長丁丈反

諫爭章第二十○經一百四十八字

曾子曰若夫慈愛龔敬安親揚名參聞命矣

傳 慈愛者所以接下也恭敬者所以事上也○夫音扶龔與恭同參所金反下同 疏 慈愛至上也○管子五輔篇義有七體七體者何曰孝悌慈惠以養親戚恭敬忠信以事君上中正比宜以行禮節整齊撙詘以辟刑僇纖嗇省用以備饑饉敦懞純固以備禍亂和協輯睦以備寇戎凡此七者義之體也 傳 安親揚名者孝子之行也曾子稱名曰參既

則其孝也大矣下既作有故夫子以此取其大失也由此觀之無長色之義故為恥為此四也微子下子路曰不仕無義長幼之節不可廢也君臣之義如之何其廢之欲潔其身而亂大倫君子之仕也行其義也道之不行已知之矣

得聞此命也〇行下孟反　敢問子從父之命可謂孝乎

傳　疑思問也夫親愛禮順非違命之謂也以爲於諠有闕是以問焉〇夫音扶

疏　疑思問也〇論語季氏篇孔子曰君子有九思視思明聽思聰色思溫貌思恭言思忠事思敬疑思問忿思難見得思義〇夫親至謂也〇儀禮士昏禮父送女命之曰戒之敬之夙夜毋違命母施衿結帨曰勉之敬之夙夜無違宮事禮記內則篇子婦孝者敬者父母舅姑之命勿逆勿怠國語晉語驪姬生奚齊其娣生卓子公將黜大子申生而立奚齊里克丕鄭荀息相見里克曰夫史蘇之言將及矣其若之何荀息曰吾聞事君者竭力以役事不聞違命君立臣從何貳之有論語爲政篇孟懿子問孝子曰無違樊遲御子告之曰孟孫問孝於我

朱子曰人不忠信則事皆無實為惡則易為善則難故學者以是為主。程子曰人道惟在忠信不誠則無物且出入無時莫知其鄉者人心也若無忠信豈復有物乎

里仁十五章
子曰君子喻於義小人喻於利
喻猶曉也義者天理之所宜

我對曰無違樊遲曰何謂也子曰生事之以禮死葬之以禮祭之以禮

子曰參

是何言與是何言與言之不通邪

傳 再言之者非之深也可否相濟謂之和以水濟水謂之同和實生民同則不繼務在不違同也從是爭非和也曾子魯鈍不推致此誼故謂之不通也○與音餘下同邪音耶爭音諍

疏 可否至之同○左傳昭二十年齊侯至自田晏子侍于遄臺子猶馳而造焉公曰唯據與我和夫晏子對曰據亦同也焉得為和公曰和與同異乎對曰異和如羹焉水火醯醢鹽梅以烹魚肉燀之以薪宰夫和之齊之以味濟其不及以洩其過君子食之以平其心君臣亦然君所謂可而有否焉臣獻其

利者人情之所欲。○程子曰、君子之於義、猶小人之於利也。唯其深喻、是以篤好。○楊氏曰、君子有舍生而取義者。以利言之、則人之所欲無甚於生、所惡無甚於死。孰肯舍生而取義哉。其所喻者義而已、不知利之為利故也。小人反是。
義、朱子曰、義則[illegible]裁割[illegible]衡而處之[illegible]
子曰、君子義以為質、禮以行之、孫以出之、信以成之、君子[illegible]

否以成其可。君所謂否而有可焉、臣獻其可
以去其否。是以政平而不干、民無爭心。故詩
曰、亦有和羹、既戒既平、鬷嘏無言、時靡有爭。
先王之濟五味、和五聲也、以平其心、成其政。
聲亦如味、一氣、二體、三類、四物、五聲、六律、七
音、八風、九歌、以相成也。清濁、小大、短長、疾徐、
哀樂、剛柔、遲速、高下、出入、周疏、以相濟也。君
子聽之、以平其心。心平德和。故詩曰、德音不
瑕。今據不然。君所謂可、據亦曰可。君所謂否、
據亦曰否。若以水濟水、誰能食之。若琴瑟之
專壹、誰能聽之。同之不可也如是。○和實生
民同則不繼。○國語鄭語、桓公曰、周其弊乎。
史伯對曰、殆於必弊者也。大誓曰、民之所欲、天
必從之。今王棄高明昭顯、而好讒慝暗昧、惡
角犀豐盈、而近頑童窮固、去和而取同。夫和
實生物、同則不繼。以他平他謂之和。故能豐
長而物生之。若以同裨同、盡乃棄矣。○務在
不違司也。○國語吳語申胥曰、昔吾先王世

子於く未判有猶豫之事本故以贊之料而行之必有篤矣出之必以度遜成之必有誠実乃君子之道也

有輔弼之臣以能遂疑計惡以不陥於大難今王播棄黎老而孩童焉比謀曰余令而不違夫不違乃違也夫不違乱之階也論語子路篇人之言曰予無樂乎為君唯其言而莫予違也如其善而莫之違也不亦善乎如不善而莫之違也不幾乎一言而喪邦乎○曾子魯鈍○論語先進篇柴也愚参也魯師也辟由也喭

昔者天子有争臣七人

傳 七人謂三公及前疑後丞左輔右弼也凡此七官主諫正天子之非也

諍○争音 章内

及傳七人至非也○尚書周官篇立三大師皆同

疏 大傳大保茲惟三公論道經邦燮理陰陽孔傳師天子所師法傳傅相天子保保安天子於德義者此惟三公之任佐王論道以經緯國事和理陰陽言有德乃堪之禮記文王世子篇凡三王教世子必以禮樂樂所

以脩内也禮所以脩外也禮樂交錯於中發形於外是故其成也懌恭敬而温文立太傅少傅以養之欲其知父子君臣之道也太傅審父子君臣之道以示之少傅奉世子以觀太傅之德行而審喩之太傅在前少傅在後入則有保出則有師是以教喩而德成也師也者教之以事而喩諸德者也保也者愼其身以輔翼之而歸諸道者也記曰虞夏商周有師法有疑丞設四輔及三公不必備唯其人語使能也家語三恕篇昔者明王萬乘之國有爭臣七人則主無過擧王注天子有三公四輔主諫爭以救其過失也四輔前曰疑後曰丞左曰輔右曰弼也尚書大傳咎繇謨篇古者天子必有四鄰前曰疑後曰丞左曰輔右曰弼天子有問無以對責之疑可志而不志責之丞可正而不正責之輔可揚而不揚責之弼其爵視卿其祿視次國之君白虎通諫諍篇天子置左輔右弼前疑後丞以

順左輔主修政剌不法右弼主糾周言失傾前疑主紀度定德徑後丞主匡正常考變夫四弼興道率主行仁夫陽變於七以三成故建三公序曰諍列七人雖無道不失天下仗群賢也

雖無道不失天下○

傳 無道者不循先王之至德要道也不失天下言從諫也帝王之事一日萬機萬機有闕天子受之禍故立諫爭之官以匡己過過而能改善之大者也故凡諫所以安上猶食之肥體也主逆諫則國亾人呰食則體瘠也○亾音無下亾道同呰音紫瘠在昔反

疏 一日萬機○尚書皋陶謨篇無教逸欲有邦兢兢業業一日二日萬幾無曠庶官天工人

飡食字彙音 惡饜食 良新音、惡食 也管子飡食食 則不肥之

其代之○過而能改善之大者也○左傳宣二年士季曰人誰無過過而能改善莫大焉詩曰靡不有初鮮克有終夫如是則能補過者鮮矣○故凡至瘠也○管子形勢解海不辭水故能成其大山不辭土石故能成其高明主不厭人故能成其衆士不厭學故能成其聖飡者多所惡也諫者所以安主也食者所以肥體也主惡諫則不安人飡食則不肥故曰飡食者不肥體也

諸侯有爭臣五人○傳自上以下降殺以兩故五人○殺所戒反

疏 自上至五人○左傳襄二十六年鄭伯賞入陳之功三月甲寅朔享子展賜之先路三命之服先八邑賜子產次路再命之服先六邑子產辭邑曰自上以下降殺以兩禮也臣之位在四且子展之功也臣不敢及賞禮請辭邑公固予之乃受三邑

傳 五人謂天子所命之孤

誰當作詎

卿及國之三卿與大夫也疏五人至夫也○周禮大宗伯職孤執皮帛卿執羔大夫執鴈士執雉庶人執鶩工商執鷄疏曰天子孤卿六命大夫四命上士三命中士再命下士一命諸侯孤四命公侯伯卿三命大夫再命上士一命子男卿再命大夫一命士不命但爵稱孤皆執皮帛爵稱卿皆執羔爵稱大夫皆執鴈爵稱士皆執雉庶人以下雖無命數及爵皆執鶩禮記王制篇天子三公九卿二十七大夫八十一元士大國三卿皆命於天子下大夫五人上士二十七人次國三卿二卿命於天子一卿命於其君下大夫五人上士二十七人小國二卿皆命於其君下大夫五人上士二十七人

雖以道不失其國傳誰非聖人不能無愆從諫如流斯不以失也○愆起虔反疏誰非聖人不能無愆○左

傳成十六年范文子曰唯聖人能內外無患自非聖人外寧必有內憂國語晉語鄢陵之役晉伐鄭荊救之大夫欲戰范文子不欲曰吾聞君人者刑其民成而後振武於外唯聖人能無外患又無內憂詎非聖人必偏而後可偏而在外猶可救也疾自中起是難盍姑釋荊與鄭以為外患乎禮記表記篇子曰仁之難成久矣人人失其所好故仁者之過易辭也鄭注仁者恭儉雖有過不甚矣唯聖人無過○從諫如流○文選王命論從諫如順流趣時如響起善注引左傳成八年叔向曰齊桓公從善如流

大夫有爭臣三人

傳　三人謂家相宗老側室也○相息亮反

疏　三人至室也○左傳桓二年師服曰吾聞國家之立也本大而末小是以能固故天子建國諸侯立家卿置側室大夫有貳宗士有隷子弟庶人工商各有分親皆有等衰是以民

服事其上而下無覲覦又襄十四年師曠曰天生民而立之君使司牧之勿使失性有君而為之貳使師保之勿使過度是故天子有公諸侯有卿卿置側室大夫有貳宗士有朋友庶人工商皂隸牧圉皆有親暱以相輔佐也善則賞之過則匡之患則救之失則革之自王以下各有父兄子弟以補察其政國語魯語公父文伯之母欲室文伯饗其宗老而為賦綠衣之三章老請守龜卜室之族師亥聞之曰善哉男女之饗不及宗臣宗室之謀不過宗人謀而不犯微而昭矣禮記曲禮篇國君不名卿老世婦大夫不名世臣姪娣士不名家相長妾

雖以道不失其家○

傳 皆謂能受正諫

善補過也

疏 皆謂臣過也○管子形勢解地生養萬物地之則也治安百姓主之則也教護家事父母之則也正諫死節臣下之則也盡力共養子婦之則也地不易

其則故萬物生焉主不易其則故百姓安焉父母不易其則故家事辨焉臣下不易其則故主無過失子婦不易其則故親養備具說苑正諫篇三諫而不用則去不去則身亡身亡者仁人所不爲也是故諫有五一曰正諫二曰降諫三曰忠諫四曰戇諫五曰諷諫孔子曰吾其從諷諫矣乎周易上繫辭吉凶者言乎其失得也悔吝者言乎其小疵也无咎者善補過也

傳 天子王有四海故以天下爲稱諸侯君臨百姓故以國爲名大夫祿食采邑故以家爲號凡此皆周之班制也○稱尺證反采七代反

疏 天子至爲號○左傳襄十三年楚共王卒子囊謚曰赫赫楚國而君臨之撫有蠻夷奄征南海以屬諸夏而知其過可不謂共乎穀梁傳哀七年秋公伐邾八月己酉入邾

以邾子益來傳云以者不以者也益之名惡也春秋有臨天下之言焉有臨一國之言焉有臨一家之言焉其言來者有外魯之辭焉○周之班制也○禮記檀弓篇公叔文子卒其子戍請謚於君君曰夫子聽衛國之政脩其班制以與四鄰交衛國之社稷不辱不亦文乎故謂夫子貞惠文子

士有爭友則身不離於令名【傳】同志爲友○離力智反下傳同【疏】同志爲友○周禮大司徒職鄭注曰同師曰朋同志曰友同猶齊也禮記坊記篇子云於父之執可以乘其車不可以衣其衣君子以廣孝也鄭注父之執與父執志同者也公羊傳定四年何注曰同門曰朋同志曰友疏曰出蒼頡篇漢王謂司馬遷云李陵非汝同門之朋同志之友乎義亦通於此白虎通三綱六紀篇師長君臣之紀也以其皆成己也諸父兄弟父子之紀也以其有親恩連也諸

舅甥朋友夫婦之紀也以其皆有同志爲紀助也

傳 士以道誼相切磋者○磋七何反

疏 士以道誼相切磋者○爾雅釋訓篇丁丁嚶嚶相切直也郭注丁丁斫木聲嚶嚶兩鳥鳴以喻朋友切磋相正又釋器篇金謂之鏤木謂之刻骨謂之切象謂之磋玉謂之琢石謂之磨管子弟子職篇各就其友相切相磋各長其儀周則復始是謂弟子之紀荀子大畧篇人之於文學也猶玉之於琢磨也詩曰如切如磋如琢如磨謂學問也和之璧井里之厥也玉人琢之爲天子寶子貢季路故鄙人也被文學服禮義爲天下列士學問不厭好士不倦是天府也詩小雅常棣篇毛傳曰兄弟尚恩怡怡然朋友以義切切然鄭箋曰安寧之詩以禮義相琢磨則友生急

傳 故有非則忠告之以善道謂之爭友不離善名言常在

身也○告古毒反，道音導。

疏 故有至身也○論語顏淵篇子貢問友，子曰：忠告而以善導之，不可則止，毋自辱焉。

父有爭子，則身不陷於不誼。

傳 父有過，則子必安幾諫，見志而不從，起敬起孝，說顏說色，則復諫也。又不從，則號泣而從之。終不使父陷于不誼而已，則孝子之道也○幾音機，說音悅，下同。復扶又反。號戶刀反。

疏 父有至道也○論語里仁篇子曰：事父母幾諫，見志不從，又敬而不違，勞而不怨。禮記曲禮篇：爲人臣之禮不顯諫，三諫而不聽則逃之。子之事親也，三諫而不聽，則號泣而隨之。又內則篇：父母有過，下氣怡色，柔聲以諫，諫若不入，起敬起孝，說則復諫，不說，與其得罪於鄉黨州閭，寧孰諫。父母怒不説而撻之流血不敢疾怨起敬起孝故當不諠則子不可以不爭於父〇傳當値也値父有不諠之事子不可以不諫爭也臣不可以不爭於君傳事君之禮値其有非必犯嚴顔以道諫爭三諫不納奉身以退〇二息暫反疏事君至諫爭〇論語憲問篇子路問事君子曰勿欺也而犯之孔傳事君之道義不可欺當能犯顔色諫爭管子小匡篇管仲曰決獄折中不殺不辜不誣無罪臣不如賓胥無請立爲大司理犯君顔色進諫必忠不辟死亡不撓富貴臣不如東郭牙請立以爲大諫之官後漢書蔡倫傳倫有才學盡心敦愼數犯嚴顔匡弼得失〇三諫不納奉身以退〇禮記曲禮篇爲人臣之禮不顯諫三諫而不聽則

逃之子之事親也三諫而不聽則號泣而隨之白虎通諫諍篇諸侯諍不從得去何以屈尊申卑孤惡君也去曰某質性頑鈍言愚不任用請退避賢如是則是待以禮臣待放如不以禮待遂去君待之以禮奈何曰予熟思夫子言未得其道今子不且留聖王之制無塞賢之路夫子欲何之則遣大夫送至于郊必三諫者何以爲得君臣之義必得於郊者忠厚之至也冀君覺悟能用之所以必三年古者臣下有大喪君三年不呼其門所以復君恩今已所言不合禮義君欲罪之可得也援神契曰三諫待放復三年盡惓惓也所以言放者爲君諱若言有罪放之也左傳襄二十六年孫林父以戚如晉書曰入于戚以叛罪孫氏也臣之祿君實有之義則進否則奉身而退專祿以周旋戮也**傳**有匡

正之忠無阿順之從良臣之節也若乃見可

諫而不諫謂之尸位見可退而不退謂之懷寵懷寵尸位國之姦人也姦人在朝賢者不進苟國有患則傴俺佅儒必起議國事矣是謂人主毆國而捐之也○朝直遥反俺與閹同一作奄毆起俱反

疏 謂之尸位○尚書五子之歌篇大康尸位以逸豫滅厥德黎民咸貳孔傳尸主也主以尊位爲逸豫不勤○見可退而不退謂之懷寵○家語子路初見篇子貢曰陳靈公宣婬於朝泄冶正諫而殺之是與比干諫而死同可謂仁乎子曰比干於紂親則諸父官則少師忠報之心在於宗廟而已固必以死爭之冀身死之後紂將悔悟其本志情在於仁者也泄冶之於靈公位在大夫無骨肉之親懷寵不去仕於亂朝以區區之一身欲正一

國之將告死而無益可謂損矣○姦人至之也○管子立政九敗解人君唯毋好金玉貨財必欲得其所好然則必有以易之所以易之者何也大官尊位不然則尊爵重祿也如是則不肖者在上位矣然則賢者不爲下智者不爲謀信者不爲約勇者不爲死如是則毆國而捐之也故曰金玉貨財之說勝則爵服下流

故當不誼則爭之○

從父之命又安得爲孝乎○

傳 從命不得爲孝則諫爲孝矣故臣子之於君父值其不誼則必諫爭所以爲忠孝者也重見當其不誼也夫臣能固爭至忠子能固諫至孝也○重直用反見賢遍反夫音扶

疏 夫臣至孝也○漢書周昌傳高帝欲廢太子而立戚姬子如意爲太

予大臣固爭莫能得左傳桓十七年初鄭伯將以高渠彌爲卿昭公惡之固諫不聽說苑正諫篇夫不諫則危君固諫則危身與其危君寧危身危身而終不用則諫亦無功矣智者度君權時調其緩急而處其宜上不敢危君下不以危身故在國而不危在身而不殆

傳 人主忌忠謂之不君人父忌孝謂之不父忌忠孝則大亂之本也

事君章第二十一 〇經四十九字

子曰君子之事上也 **傳** 上謂君父此之謂君子以德稱也有君子之德而在下位固所以宜事君也

進思盡忠退思補過 **傳** 進見於君

則必竭其忠貞之節以圖國事直道正辭有犯無隱退還所職思其事宜獻可替否以補主過所以爲忠君有過而臣不行謂之補過也○過反

○見賢

疏

進見至之節○尚書君牙篇王若曰嗚呼君牙惟乃祖乃父世篤忠貞服勞王家厥有成績紀于大常左傳僖九年初獻公使荀息傅奚齊公疾召之曰以是藐諸孤辱在大夫其若之何稽首而對曰臣竭其股肱之力加之以忠貞其濟君之靈也不濟則以死繼之公曰何謂忠貞對曰公家之利知無不爲忠也送往事居耦俱無猜貞也國語晉語荀息曰可以利公室力有所能無不爲忠也葬死者養生者死人復生不悔生人不愧貞也諸葛亮出師表曰侍中尚書長史參軍是悉貞亮死節之臣也陛下

親之信之則漢室之隆可計日而待也○直道正辭○論語微子篇柳下惠爲士師三黜人曰子未可以去乎曰直道而事人焉往而不三黜枉道而事人何必去父母之邦周易下繫辭理財正辭禁民爲非曰義○有犯無隱○禮記檀弓篇孔子曰事親有隱而無犯左右就養無方服勤至死致喪三年事君有犯而無隱左右就養有方服勤至死方喪三年事師無犯無隱左右就養無方服勤至死心喪三年○獻可替否○左傳昭二十年晏子曰君所謂可而有否焉臣獻其否以成其可君所謂否而有可焉臣獻其可以去其否是以政平而不干民無爭心今據不然君所謂可據亦曰可君所謂否據亦曰否若以水濟水誰能食之○國語晉語趙簡子歎曰吾願得范中行之良臣史黯侍曰將焉用之簡子曰良臣人之所願也又何問焉對曰臣以爲不良故也夫事君者諫過而賞善薦可而替

不獻能而進賢擇才而薦之朝夕誦善敗而納之道之以文行之以順勸之以力致之以死聽則進不則退後漢書胡廣傳廣與敞虔上書曰臣聞君以兼覽博照爲德臣以獻可替不爲忠書載稽疑謀及卿士詩美先人詢於芻蕘國有大政必謀之於前訓諮之於故老是以慮無失策舉無過事

將順其美匡救其惡○**傳** 將行也宜行其法令順之而不逆君有過臣擧言而匡之救其邪辟之行使不至於惡此臣之所以爲功也故明王審言教以清法案分職以課功立功者賞亂政者誅誅賞之所加各得其宜也 ○辟匹亦反行下孟反分扶問反

疏 ○君有至宜也 ○管子明法

解奉主法治竟內使彊不凌弱衆不暴寡萬民驩盡其力而奉養其主此吏之所以爲功也匡主之過救主之失明理義以道其主無邪僻之行蔽欺之患此臣之所以爲功也故明主之治也明分職而課功勞有功者賞亂治者誅誅賞之所加各得其宜而主不自與焉故明法曰使法量功不自度也

故上下能相親也

傳 道主以先王之術拯主於無過之地君臣並受其福上下交和所謂相親是故詳才量能講德而擧上之道下也 ○道音導下道下同行下孟反下同拯拯救之拯

疏 是故至下也○管子君臣篇君人也者無貴如其言人臣也者無愛如其力而臣主之道畢矣論材量能謀德而擧之上之道也

傳 盡忠守節謨明弼

諸下之事上也爲人君而下知臣事則有司不任爲人臣而上專主行則上失其威是以有道之君務正德以涖下而下不言知能之術知能下所以供上也所以用知能者上之道也故不言知能而政治者善人舉官人得視聽者衆也夫人君坐萬物之源而官諸生之職者也上有其道下守其職上下之分定也○涖音利又音類治直吏反夫音扶分扶問反知知能並音智

疏 謨明弼諧○尚書皐陶謨篇曰若稽古皐陶曰允迪厥德謨明弼諧○爲人至定也○管子君臣篇爲人

古忘作中今文亦同

君者下及官中之事則有司不任為人臣者上共專於上則人主失威是故有道之君正其德以蒞民而不言智能聰明智能聰明者下之職也所以用智能聰明者上之道也上之人明其道下之人守其職上下之分不同任而復合為一體不言於聰明而善人舉姦偽詐覘聽者衆也是以為人君者坐萬物之原而官諸生之職者也是以上及下之事謂之矯下及上之事謂之勝為上而矯悖也為下而勝逆也國家有悖亂及逆之行有土主民者失其紀也

詩云心乎愛矣遐不謂矣

傳 遐不謂矣言謂之也君子心誠愛其上則遠乎不以善事語之也○語魚據反

忠心藏之何日忘之

傳 君子忠心實善則何日豈忘謂其上乎言每

欲語之也。君子事上誼與詩同，故取以明之。

此詩小雅隰桑之章也。○臧子郎反。語魚據反。

喪親章第二十二 ○經一百四十二字

子曰：孝子之喪親也，**傳** 父母沒，斬衰居憂，謂之喪親也。○衰七雷反。後皆同。**疏** 父母至親也。○儀禮喪服傳：斬衰裳，苴絰、杖、絞帶，冠繩纓，菅屨者。傳曰：斬者何？不緝也。尚書太甲篇，伊尹曰：「茲乃不義，習與性成。予弗狎于弗順。營于桐宮，密邇先王其訓，無俾世迷。」王徂桐宮居憂，克終允德。哭不依，禮以容，**傳** 斬衰之哭，其聲若往而不反，無依違餘音也。○以音無。下同。**疏** 斬衰至音也。○禮記間傳篇：斬衰何以服苴苴惡貌也所以首其內而見諸外也斬衰貌若苴齊衰貌若枲大功貌若止小功緦麻容貌可也此哀之發於容體者也斬衰之哭若往而不反齊衰之哭若往而反大功之哭三曲而偯小功緦麻哀容可也此哀之發於聲音者也鄭注三曲一擧聲而三折也偯聲餘從容也

傳 喪事質素無容儀所以主於哀也

疏 喪事至哀也○家語曲禮子貢問篇孔子在衞司徒敬子卒夫子弔焉主人不哀夫子哭不盡聲而退蘧伯玉請曰衞鄙俗不習喪禮煩吾子辱相孔子許之掘中霤而浴毀竈而綴足襲於牀及葬毀宗而躐行出於大門及墓男子西向婦人東面既封而歸殷道也孔子行之子游問曰君子行禮不求變俗夫子變之矣孔子曰非此之謂也喪事則從其質而已矣禮記問喪篇喪禮唯哀爲主矣女子哭泣悲哀擊胸傷心男子哭泣悲哀稽顙觸

勉無容之至也　哀

言不文○

傳　發言不文飾其辭也斬衰之言唯而不對所以爲不文也○唯維癸反

疏　發言至文也○禮記間傳篇斬衰唯而不對齊衰對而不言大功言而不議小功緦麻議而不及樂此哀之發於言語者也

服美不安

傳　夫唯不安故不服也美謂錦繡盛服也○夫音扶

疏　夫唯至服也○論語陽貨篇宰我問三年之喪期已久矣君子三年不爲禮禮必壞三年不爲樂樂必崩舊穀既沒新穀既升鑽燧改火期可已矣子曰食夫稻衣夫錦於女安乎曰安曰女安則爲之夫君子之居喪食旨不甘聞樂不樂居處不安故不爲也今女安則爲之

傳　先王制禮稱情立文○稱尺證反

疏　先王至立文○禮記雜記篇子貢問

喪子曰敬爲上哀次之瘠爲下顏色稱其情戚容稱其服又三年問篇三年喪何也曰稱情而立文因以飾羣別親疏貴賤之節而弗可損益也故曰無易之道也創鉅者其日久痛甚者其愈遲三年者稱情而立文所以爲至痛極也家語曲禮子夏問篇子夏問於孔子曰居君之母與妻之喪如之何孔子曰居處言語飲食衎爾於喪所則稱其服而已敢問伯母之喪如之何孔子曰伯母叔母疏衰期而踊不絕地姑姊妹之大功踊絕於地若知此者由文矣哉

傳 凶服象其憂吉服象其樂各所以表飾中情也○樂音洛

疏 凶服至情也○禮記曾子問篇曾子問曰三年之喪弔乎孔子曰三年之喪練不羣立不旅行君子禮以飾情三年之喪而弔哭不亦虛乎又三年問篇斬衰苴杖居倚廬食粥寢苫枕塊所以爲至痛飾也鄭注飾情之章

表也白虎通喪服篇喪禮必制衰麻何以副
意也服以飾情情貌相配中外相應故吉凶
不同服歌哭不同
聲所以表中誠也

傳 是以衰麻在身即有悲哀之色端冕在身即有矜莊之色介冑在身即有可畏之色也

疏 是以至色也○管子小問篇東郭郵曰欣然喜
樂者鐘鼓之色也淵然清靜者縗絰之色也
滲然豐滿而手足拇動者兵甲之色也家語
好生篇哀公問曰紳委章甫有益於仁乎孔
子作色而對曰君胡然焉衰麻苴杖者志不
存乎樂非耳弗聞服使然也黼黻袞冕者容
不褻慢非性矜莊服使然也介冑執戈者無
退懦之氣非體純猛服使然也禮記表記篇
君子服其服則文以君子之容有其容則文
以君子之辭遂其辭則實以君子之德是故
君子恥服其服而無其容恥有其容而無其

辭恥有其辭而無其德恥有其德而無其行
是故君子衰絰則有哀色端冕則有敬色甲
冑則有不可辱之色呂氏春秋重言篇東郭
牙曰君子有三色顯然喜樂者鐘鼓之色也
湫然清淨者衰絰之色也艴然
充盈手足矜者兵革之色也

聞樂不樂食旨不甘

傳 旨亦美也其不樂故不聽不美故不食孝子思慕之至也○樂音洛傳同

疏 孝子思慕之至也○

禮記問喪篇擗踊哭泣哀以送之送形而往
迎精而反也其往送也望望然汲汲然如有
追而弗及也其反哭也皇皇然若有求而弗
得也故其往送也如慕其反也如疑求而無
所得之也入門而弗見也上堂又弗見也入
室又弗見也亡矣喪矣不可復見已矣故哭
泣擗踊盡哀而止矣心悵焉愴焉惚焉愾焉
心絶志悲而已矣祭之宗廟以鬼享之徼幸

復反也成壙而歸不敢入處室居於倚廬哀親之在外也寢苫枕塊哀親之在土也故哭泣無時服勤三年思慕之心孝子之志也人情之實也

此哀戚之情也

傳 所以解上六句之誼明有內發非虛加也

疏 有內發非虛加也○白虎通喪服篇天子七月而葬諸侯五月而葬者則民始哭素服先葬三月成齊衰朞月以成禮葬君也禮不下庶人所以爲民制何禮不下庶人者尊卑制度也服者思從內發故爲之制也公羊傳文二年公子遂如齊納幣傳曰納幣不書此何以書譏何譏爾譏喪娶也娶在三年之外則何譏乎喪娶三年之內不圖婚吉禘于莊公譏然則曷爲不於祭焉譏三年之恩疾矣非虛加之也以人心爲皆有之以人心爲皆有之則曷爲獨於娶焉譏娶者大吉也

三日而食教民亾以死

傷生也 **傳** 禮親終哭踊無數水漿不入口毀竈不舉火既歛之後鄰里爲之饘粥以飲食之歛方驗反後同饘之然反粥之六反飲於鴆反食音嗣 **疏** 禮親至食之○儀禮喪服傳居倚廬寢苫枕塊哭晝夜無時禮記問喪篇親始死雞斯徒跣扱上衽交手哭惻怛之心痛疾之意傷腎乾肝焦肺水漿不入口三日不舉火故鄰里爲之糜粥以飲食之夫悲哀在中故形變於外也痛疾在心故口不甘味身不安美也三日而歛在牀曰尸在棺曰柩動尸舉柩哭踊無數惻怛之心痛疾之意悲哀志懣氣盛故袒而踊之所以動體安心下氣也又檀弓篇經也者實也堀中霤而浴毀竈以綴足及葬毀宗躐行出于大門殷道也 **傳** 三日以終者聖人立制足文理不以

死傷生也。**疏** 聖人立制足文理○禮記三年問篇三年之喪二十五月而畢若駟之過隙然而遂之則是無窮也故先王焉爲之立中制節壹使足以成文理則釋之矣然則何以至期也曰至親以期斷是何也曰天地則已易矣四時則已變矣其在天地之中者莫不更始焉以是象之也然則何以三年也曰加隆焉爾也焉使倍之故再期也由九月以下何也曰焉使弗及也故三年以爲隆緦小功以爲殺期九月以爲間上取象於天下取法於地中取則於人人之所以羣居和壹之理盡矣故三年之喪人道之至文者也夫是謂至隆是百王之所同古今之所壹也未有知其所由來者也

毀不滅性。此聖人之正也。**傳** 孝子在喪可以毀瘠杖然後起而不可滅性滅性謂不勝喪而死不

勝喪則比比於天不此聖人之立制也○在譜

反勝音升下同 **疏** 孝子至制也○家語本命解孔子曰禮之所以象五行也其義四時也故喪禮有舉焉有恩有義有節有權其恩厚者其服重故爲父母斬衰三年以恩制者也門內之治恩掩義門外之治義掩恩資於事父以事君而敬同貴貴尊尊義之大也故爲君亦服衰三年以義制者也三日而食三月而沐期而練毀不滅性不以死傷生喪不過三年苴衰不補墳墓不修除服之日鼓素琴示民有終也凡此以節制者也資於事父以事母而愛同天無二日國無二君家無二尊以治之故父在爲母齊衰期者見無二尊也百官備百物具不言而事行者扶而起言而後事行者杖而起身自執事行者面垢而已此以權制者也親始死三日不怠三月不懈期悲號三年憂哀之殺也聖人因殺以制

節也禮記曲禮篇居喪之禮毀瘠不形視聽不衰升降不由阼階出入不當門隧居喪之禮頭有創則沐身有瘍則浴有疾則飲酒食肉疾止復初不勝喪乃比於不慈不孝五十不致毀六十不毀七十唯衰麻在身飲酒食肉處於內又檀弓篇喪不慮居毀不危身喪不慮居爲無廟也毀不危身爲無後也又曰君子之執親之喪也水漿不入於口者三日杖而后能起又雜記篇喪食雖惡必充飢飢而廢事非禮也飽而忘哀亦非禮也視不明聽不聽行不正不知哀君子病之故有疾飲酒食肉五十不致毀六十不毀七十飲酒食肉皆爲疑死孔子曰身有瘍則浴首有創則沐病則飲酒食肉毀瘠爲病君子弗爲也毀而死君子謂之無子

喪不過三年示民有終也

傳 孝子有終身之憂

疏 孝子有終身之憂○禮記檀弓篇喪三年以爲極亡則弗

之忘矣故君子有終身之憂而無一朝之患
故忌日不樂又祭義篇齊之日思其居處思
其笑語思其志意思其所樂思其所嗜齊三
日乃見其所爲齊者祭之日入室僾然必有
見乎其位周旋出戶肅然必有聞乎其容聲
出戶而聽愾然必有聽乎其嘆息之聲是故
先王之孝也色不忘乎目聲不絕乎耳心志
嗜欲不忘乎心致愛則存致慤則著著存不
忘乎心夫安得不敬乎君子生則敬養死則
敬享思終身弗辱也君子有終身之喪忌日
之謂也忌日不用非不祥也言夫日志有所至而不敢盡其私也

傳 然三年之喪二十五月而畢服節雖闋心弗之忘若
遂其本性則是無窮也○闋苦穴反

疏 然三至窮也○禮記三年問篇三年之喪二十五月而畢哀痛未盡思慕未忘然而服以是斷之者豈不送死

有已復生有節也哉凡生天地之間者有血氣之屬必有知有知之屬莫不知愛其類今是大鳥獸則失喪其羣匹越月踰時焉則必反巡過其故鄉翔回焉鳴號焉蹢躅焉踟躕焉然後乃能去之小者至於燕雀猶有啁噍之頃焉然後乃能去之故有血氣之屬者莫知於人故人於其親也至死不窮將由夫患邪淫之人與則彼朝死而夕忘之然而從之則是曾鳥獸之不若也夫焉能相與羣居而不亂乎將由夫修飾之君子與則三年之喪二十五月而畢若駟之過隙然而遂之則是無窮也又問喪篇或問曰死三日而后斂者何也曰孝子親死悲哀志懣故匍匐而哭之若將復生然安可得奪而斂之也故曰三日而后斂者以俟其生也三日而不生亦不生矣孝子之心亦益衰矣家室之計衣服之具亦可以成矣親戚之遠者亦可以至矣故聖人爲之斷決以三日爲之禮制也

傳

故

以禮取中制爲三年使賢者俯就不肖者企及所以示民有竟之限也○企丘豉反

【疏】故以至三年○禮記仲尼燕居篇仲尼燕居子張子貢言游侍縱言至於禮子曰居女三人者吾語女禮使女以禮周流無不徧也子貢越席而對曰敢問何如子曰敬而不中禮謂之野恭而不中禮謂之給勇而不中禮謂之逆子曰給奪慈仁子曰師爾過而商也不及子產猶衆人之母也能食之不能教也子貢越席而對曰敢問將何以爲此中者也子曰禮乎禮夫禮所以制中也又喪服四制篇始死三日不怠三月不解期悲哀三年憂恩之殺也聖人因殺以制節此喪之所以三年賢者不得過不肖者不得不及此喪之中庸也王者之所常行也○使賢至限也○禮記檀弓篇子思曰先王之制禮也過之者俯而就之不至焉者

踊而及之爲之棺槨衣衾以舉之○

傳 禮爲死制槨槨周於棺棺周於衣衣周於身衣即斂衣衾被也舉尸內之棺槨也○棺音官槨音郭爲死于偽反內音納

疏 禮爲至被也○禮記檀弓篇國子高曰葬也者藏也藏也者欲人之弗得見也是故衣足以飾身棺周於衣槨周於棺土周於槨反壤樹之哉○舉尸內之棺槨也○儀禮士喪禮篇商祝布絞衾散衣祭服祭服不倒美者在中士舉遷尸反位設牀第于兩楹之間家語曲禮子夏問篇叔孫武叔之母死既小斂舉尸者出戶武叔從之出戶乃袒投其冠而括髮子路歎之孔子曰是禮也子路問曰將小斂則變服今乃出戶而夫子以爲知禮何也孔子曰由汝問非也君子不舉人以質事

陳其簠簋而哀慼之○

傳　簠簋祭器盛黍稷者。祭器陳列而不御。黍稷潔盛而不毀。孝子所以重增哀戚也。○簠音甫簋音軌盛音成下同重直龍反

疏　黍稷潔盛而不毀○淮南子主術訓大羹不和粢食不毇注毇細也毇音毀左傳桓二年杜注曰黍稷曰粢不精鑿釋文曰鑿子洛反精米也字林作毇子沃反云糲米一斛舂爲八斗

哭泣擗踊。哀以送之。卜其宅兆。而安措之。○

傳　搥心曰擗。跳曰踊。所以泄哀也。擗婢亦反搥與槌同一作搥跳徒彫反泄息列反

疏　搥心曰擗○詩邶風柏舟篇靜言思之寤辟有摽毛傳辟拊心也

傳　男踊女擗。哀以送之。送之送墓也。始死。牖下浴於中霤。飯

於牖下、斂於戶內、殯於客位、祖奠於庭、送葬於墓、彌以即遠也。○牖、羊九反。霤、力又反。飯、扶晚反。殯、必刃反。

疏

始死、牖下。○儀禮士喪禮篇、死于適室、幠用斂衾。鄭注、適室、正寢之室也。疾者齊、故于正寢焉。疾時處北牖下、死而遷之當牖下、有牀衽。幠、覆也。斂、斂衾、大斂所并用之衾。衾、被也。小斂之衾當陳。○浴於至遠也。○禮記檀弓篇曾子弔於負夏、主人既祖、塡池、推柩而反之。降婦人而后行禮。從者曰、禮與。曾子曰、夫祖者且也。且胡爲其不可以反宿也。從者又問諸子游曰、禮與。子游曰、飯於牖下、小斂於戶內、大斂於阼、殯於客位、祖於庭、葬於墓、所以即遠也。故喪事有進而無退。又坊記篇子云、賓禮每進以讓、喪禮每加以遠、浴於中霤、飯於牖下、小斂於戶內、大斂於阼、殯於客位、祖於庭、葬於墓、所以示遠也。殷人弔於壙、周人

弔於家示民不借也 傳 卜其葬地定其宅兆兆謂塋域宅謂穴措置也安置棺椁於其穴卜葬地者孝子重慎恐其下有伏石漏水後爲市朝遠防之也○塋音營朝直遥反 疏 卜其至之也○儀禮士喪禮篇筮宅冢人營之掘四隅外其壤掘中南其壤既朝哭主人皆往兆南北面免絰命筮者在主人之右筮者東面抽上韇兼執之南面受命命曰哀子某爲其父某甫筮宅度茲幽宅兆基無有後艱周禮冢人職冢人掌公墓之地辨其兆域而爲之圖先王之葬居中以昭穆爲左右禮記雜記篇大夫卜宅與葬日有司麻衣布衰布帶因喪屨緇布冠不蕤占者皮弁如筮則史練冠長衣以筮占者朝服爲之宗廟以鬼享之春秋祭祀

以時思之【傳】三年喪畢立其宗廟用鬼禮享祀之也言春則有夏言秋則有冬舉春秋而四時之誼存矣○亨許丈反通作享【疏】言春至存矣○詩魯頌閟宮篇春秋匪解享祀不忒鄭箋春秋猶言四時也穀梁傳桓元年冬十月傳曰無事焉何以書不遺時也春秋編年四時具而後爲年【傳】春雨既濡君子履之必有怵惕之心感親而脩祭焉所謂以時思之也○怵敕律反惕他歷反【疏】春雨至之也○禮記祭義篇祭不欲數數則煩煩則不敬祭不欲疏疏則怠怠則忘是故君子合諸天道春禘秋嘗霜露既降君子履之必有悽愴之心非其寒之謂也春雨露既濡君子履之必有怵惕之心如將見之樂以迎

來哀以送往故禘有樂而嘗無樂**生事愛敬死事哀戚**傳父母生則事之以愛敬死則事之以哀戚糾撮上章之要也○撮七活反糾居黝反**生民之本盡矣**傳謂立身之道盡於孝經之誼也死生之誼備矣傳事死事生之誼備於是也孝子之事終矣傳言爲孝子之道終竟於此篇也

足利本無經字

足利本無焉字

通計　經一千八百六十一字　傳八千七百九十四字

古文孝經孔傳參疏卷之下　終

孝經參疏跋

古之教人也有數其始就業朝讀夕誦唯是之務及離經辨志和易優柔使之思求啓其憤發其悱以竭其才故子弟之學不勞而成及世降偷薄移風速成

為習師阿時好註解箋疏欲隨目瞭然便辭巧說米鹽煩碎幼而習焉白首猶紛如是以末世窮年不能原先王本經義雖時勢使然抑亦誰之過參疏之於傳不必曲說初學之徒諷誦以

貫之思索以通之左取右取必
逢其原己酉秋九月

上毛　荻原萬世謹題

但馬　八木弘之書

〇先進三

季子路問事鬼神、子曰未能事人、焉能事鬼、敢問死、曰未知生、焉知死

問事鬼神、蓋求所以奉祭祀之意。而死者人之所必有、不可不知、皆切問也、然非誠敬足以事人則不能事神、非原始而知所以生則必不能反終而知所以死、蓋幽明始終、初無二理。但學之有序不可躐等、故夫子告之如此。程子曰晝夜者死生之道也、尽事鬼之道。死生人鬼、一而二二而一者也、或言夫子不告子路、不知此乃所以深告之也

祭祀之礼世ニ行ハレサル故ニ父母先祖ヲ祭ルスヘヲ不知父母死シテ後ハ年時ニ祭ルヿモナク小祥大祥過テ後ハ

七年　十三年　十七年　二十一年　二十五年　三十三年

五十年百年ニ一度忌日ヲ祭ルヲ年忌ト云

右太宰經濟録ニ出ス礼樂中ニ出

○太宰純曰　祭祀ハ天神地祇人鬼ヲ祭ル儀式也天地山川社稷ヲ祭ルハ天子諸侯ノ事也父母先祖ヲ祭ルハ天子ヨリ庶人ニ至迄一同也論語ニ追遠ト有ルハ父母先祖ヲ祭ルヲ云也宗廟ト云ハ父母先祖ノ神主ヲ藏メ置タル宮也神主ハ先祖ノ正躰也此方ノ位牌ノ如クナル者ニテ位牌ニ准スヘシ廟ノ字ハ倭語ニミヤト讀ム此方ノ俗ニタマヤト云者是ニ近シ天子ハ七廟ヲ立テ父ヨリ上六世ノ廟ニ太祖ノ廟ヲ并セテ七廟也諸侯ハ五廟ヲ立テ父ヨリ上高祖父迄四廟ト太祖ノ廟ヲ合セテ五廟也大夫ハ三廟ヲ立

曽祖ハ遠也、天子ノ士ハ一廟ヲ立、又廟計也、諸侯ハ五
ト庶人トハ廟ヲ立ス、家ノ内ニテ祭ル也、天子諸侯
ハ月祭トテ毎月祭リ玉フ、大夫以下ハ時祭トテ春
夏秋冬四時ノ仲月ニ祭ル、別ニ忌日ノ祭有、忌日
トハ死シタル日ヲ云、歳ニ一日也、俗依毎月ノ其日ヲ
忌日トモ云ハ誤リ、死シタ明ル年ノ其日ヲ小祥忌
ト云、又次ノ年ノ其日ヲ大祥忌ト云、大祥忌迄ハ
喪ノ内也、王ヲ四年以後ハ忌日ト云、忌日ハ君子
終身ノ喪ト云、故ニ祭ル儀式モ喪ノ内ノ小祥
大祥等ノ祭ノ如ク、忌日ノ外ハ皆吉祭ナル故ニ
外ノ神ヲ祭ルニ如ク同無也、礼記ニ夫祭也者
必夫婦親之トイヘリ、礼又與先祖ヲ祭ルニハ天子モ
后ト倶ニ事ヲ行玉フ、諸侯以下ハ勿論也、斎ニ三日
ヨリ斎戒沐浴メ、着座ヲ浄メ衣服ヲ改メ酒
肉菜果ヲ食ハス、身モ心モ清潔ナルヤウニ慎ム也

當日ハ早晨ヨリ祭服ヲ着テ數多ノ有司執事
ノ人ヲ從ヘテ廟ニ入テ牲ヲ殺テ祭ル、牲ナキヲハ薦
トユテ祭トハ不云、天子諸侯ノ祭ニハ必ス音樂有リ、大
夫以下ハ樂ヲ不用、又墓祭トテ墓ヲ祭ル礼有
墓所ノ上ニ地神ヲ祭ル礼有リ、是ハ先祖ヲ崇
ミ尊敬ヲ尽スノ道也、凡人ハ皆先祖ニ本ツキテ
今日此身ハ皆先祖ヨリ出タル者ナル故ニ君子ハ必ス先
祖ノ祭ヲ慎ム也、サレハ人君ハ国家ノ政事ヲハ卿士
我カ意ニ任セラルヽコトナクシテ一々ニ宗廟ニ告テ而ヘ祖宗ノ
命令ヲ受テ行ヒ玉フ故ニ古之明君ハ後世ヨリ觀
ルニ鬼神ニ事ル巫祝ノ如クナル者也、其ノ国ハ
本来鬼神ヲ信スル風俗ニテ、士大夫以上ハ先
祖ヲ崇ミ父母ヲ敬フコトヲ知ル、其祭祀之礼世ニ
行ハレサル故ニ父母先祖ヲ祭ルコトヲ不知也、讀ク

天明八年戊申初秋

書肆嵩山房

東京

小林新兵衛行

北山先生輯

不許翻刻
千里必究

孝經集覽

二冊

安永四年
乙未新鐫

奚疑塾藏

孝經集覽

〔日〕山本北山　撰

孝經集覽序

孝者百行之首道德之典所以人之爲人孝爲職之魁然孝之不易若瞿塘灔豔澦之出没欲布帆無恙得邪夫子爲之狀而陳如牛如象如馬如襆之序垂後世名曰孝經孝經之爲書語上非幽玄之不可及語下無可厭譬諸江海人飲各滿其量故自人主以下逮吾儕小人遊學者必尊信孝經不敢舍而求佗者信有以哉逮茲炎漢孝經在二本一河間王所獻隸書

也一所出孔壁科斗文也學者各徇所受列素粲於古文置酒肉於今文夫先王之遺書文有今古也何嘗孝經耳也哉先王之遺書文有今古既不嘗孝經則何論佗經之今古者眇無關相爭錙銖於此而數經匠石運斧之手栐眉益多而繩矩彌不定抑得無說乎孝經者六經之大本論語之輗軏所以格五典經綸邦厦不過推而擴之耳若謬爽一字風馬千里滔滔焉幾多岐亡厥踪跡有後世君子秉槎而窮河

源厥旨在所歸蓋先輩慎焉也慎則慎也
然厥識不足於夫子曰信而好古尚有間
孝經者夫子所口授子輿氏而子思子春
之徒間斯記諸也爾來嘗割據之艱歷秦
火之厄僅存矣假令之出于一手勿差錯
金木者在其間耶後儒大抵取諸厥習臆
斷今古之臧否故桓桓名屢魚貫不見弄
於韓氏兒者亡幾旨哉宋景濂曰古今文
所異者特語微有不同稽其文誼初無絕
相遠者諸儒於經之大旨未見有所發揮

而獨斷斷然致其紛紜抑亦末矣故予於今古不左袒一於此見其可已而已之述所以已之意著已一篇二三諸君子看之欲刊諸塾上予笑曰古人有言俟年六十而后著書亦不晚豈著書之難也哉恐識未足神未定也信有今茲二十有三歲宜納而不出之秋也舍諸何厚顏受佩觿之謗時母親在步障後聞之喚予曰噫兒過矣自知厥非也雖聖難之矧女小兒予已自以爲非歟爲非則已矣不非則已不知

其非也不知其非而忌人質責之何其陋矣不知女亦將為一上梓材二難更其說而遂其非之俗儒態歟若陰搉其非陽飾其美非吾志曰唯出而謀諸君子曰孝經固非俟註說喋喋便通者彼遥望夫子之牆於千里外而目未覩俎豆之般是甲非乙何異於敲鼓而求迷子然註說亦勿起予者乎請詮舉諸家註解俾讀者各擇其可否柰何僉曰諾竟在此役經文輙繇古文用厥古也今文所無傍施黑圈子刋語

所刊傍施白圈子以便易見也上方標故
事若干者聊省寒士閱市之勉耳不㤀抱
携之養不與孝經也輯成而名以集覽也
竊效守山矦論語集覽之例云

安永三年甲午孟冬

北山　山本信有喜六

古文漢書藝文志武帝末魯共王壞孔子宅欲以廣其宮而得古文尚書及禮記論語孝經凡數十篇皆古字也[illegible]挑蹊先生曰文者文字也以佀科斗古字非今文隷故曰古文毛傳序者緒也則緒述其序使理相亂續若繭之抽緒但易有序卦子夏作詩序孔子亦作書序右猶上故貶退曰左遷漢書河間獻王德

古文孝經序

先王之道莫大於孝仲尼之教莫先於孝自六經而下無非孔氏遺書其有出孝經之右者乎何以言之天下無有無父母之人故也孝經有二本其一河間王所得十八章者謂之今文其一魯共王壞孔壁所得竹牒科斗文二十二章者孔安國所爲作傳謂之古文安國曰今文十八章文字多誤又曰河間王所上雖多誤然以先出之故諸國往往有之漢先帝發詔稱其辭者皆言傳曰其實今文孝經也由是觀之今文孝經之行也已久矣古文者雖安國爲之訓傳

景帝之子也修學好古實事求是從民得善書必為好寫与之留眞書加金帛以招之由是四方道術之人不遠千里或有先祖旧書多奉以奏獻王者故得書多与漢朝等魯共王名余景帝子

孔氏書序至魯共王好治宮室壞孔子旧宅以廣其居於壁中得先人所藏古文虞夏商周之書及傳論語孝經皆科斗文字陸氏曰科斗蟲名蝦蟆子書形

蓋當時未之行也迨乎漢季馬季長擬作忠經十八章倣今文孝經也鄭康成注孝經亦其今文者也自是厥後今文孝經之行彌盛而古文亦與之俱行至唐明皇親注孝經雖兼取孔鄭二家之説然其經則用今文取其闕閨門章也於是古文孝經遂廢不行至宋邢昺依明皇御注作正義然後孝經唯御注本行于世鄭注遂亡古文孝經亦亡其傳文而僅存其經文宋人尊信孝經者莫若司馬温公然特得古文本經而讀之耳不覩孔傳也自二程至朱熹氏皆疑孝經以為後人所擬作朱子又妄改易本經椾章著

似之後漢馬融忠經一卷津逮秘書在焉馬融字季長扶風人有俊才受孝塾恂桓帝時為南郡太守
宋冀曾寬陳留公曰孝經原有閨門一章閨元間司馬貞為国家諱始黜之而唐遂有馬嵬之禍王荊公謂春秋斷爛朝報不列學官而宋遂有北轅之禍
鄭康成名玄北海高密人從馬融受孝二徒數百千人
臨川較定今文孝經宋大儒司馬温公酷尊信古文朱子列誤亦擯古文

爲經一章傳十四章且刪去其本文二百餘字孔子曰信而好古若朱子者可謂拂矣自是以來學朱氏者舉不信孝經塾師不以為教至令童子輩目弗見孝經悲夫先王之道莫大於孝仲尼之教莫先於孝夫子不曰乎吾志在春秋行在孝經是以後世人主不讀書則已苟讀書者必自孝經始況下焉者乎今朱氏之徒不讀孝經而學心法其不為浮屠之歸者幾希夫古書之亡于中夏而存于我

日本者頗多宋歐陽子嘗作詩稱逸書百篇今尚存

昔僧奝然適宋獻鄭注孝經一本於太宗司馬君實

司馬光字君實贈溫國公宋朝名臣陝州人也

錢唐孫本曰宋大儒溫公文公深篤信古文一爲指解一爲校定悉依古文而邢昺輩疏說皆同声指爲近傳僞作然則二公反出貞觀下哉

朱子語類孝經疑非聖人之言且如先王至德要道此是說得好處然下面都不曾說得切要處著但說得孝之效如此如論語中說孝皆親切有味都不如此士庶人章說得更好只是下面都不

等淂之大喜云今去其世七百有餘年古書之散逸者亦不少而孔傳古文孝經全然尚存于我日本豈不異哉予嘗試檢其書古人所引孔安國孝經傳者及明皇御注之文邢昺以爲依孔傳者畢有特有一二字不同耳得非傳寫之互訛乎先儒多疑孔傳以爲後人僞造者予獨以爲非經曰身體髮膚受之父母弗敢毀傷孝之始也諸家解皆以爲孝子不淂以凡人事及過失毀傷其身體孔傳乃以爲刑傷蓋三代之刑有劓刵及宮非傷膚乎以此觀之孔傳尤有所當也王仲任亦嘗誦是經文而曰孝者怕

親切
二程明道伊川也
明道名顥字伯淳
伊川名頤字正叔
其先世居中山曾
祖而下葬河南遂
為洛陽人
孔子曰出述而篇
書言故事就家塾
考曰家塾記古教
者家有塾
古今注塾之為言
熟也臣來朝君至
門外更詳熟所應
對之事
吾志以下見鈎命
訣及公羊傳序
詳解日本清和天
皇貞觀二年正月
大學博士春日雄
繼授孝經於天皇
尓來天子初讀書

入刑辟刻畫身體毀傷髮膚少德泊行不戒慎之所致也合而觀之可以見古訓焉如從諸家說則忠臣赴君難者不避水火兵刃節婦有斷髮截鼻者彼皆為不孝矣是說不通也余故曰孔傳者安國所作無疑也或曰尚書之文奇古難讀安國傳之其言甚簡孝經之文平易安國傳之乃不厭繁夫何也曰傳尚書者為學士大夫也故不盡其說使讀者思而得之傳孝經者為凡人也故丁寧其言以告諭之此其所以不同也嗚呼夫孝者百行之本萬善之先自天子至庶人所不可以一日廢也夫孝不可以一日廢則

多用孝經
浮屠佛也
宋史日本國者倭奴國也自以其國近日所出故以日本爲名或云惡其旧名致之
歐陽脩覲子字永叔仁宗時爲諫官論事切直致仕号六一居士卒贈兗國公謚文忠
聽雨紀談或謂日本國有眞本尚書乃徐福入海時所携者予初未之信也後觀歐陽公日本刀詩有云徐生行時書未焚逸書百篇今尚存令嚴不許傳中國舉世无人識古文先王大典藏夷貊蒼波

孝經亦不可以一日廢也夫自朱氏之學行而孝經久廢于世　純常慨焉幸孔壁古文孝經並與安國之傳存于我日本者寧不知珍而寶之哉惟是經國人相傳之久不知歷幾人書寫是以文字訛謬魚魯不辨　純既以數本挍讐且旁及他書所引若釋氏所稱述苟有足徵者莫不參考十更裘葛乃成定本其經文與宋人所謂古文者亦不全同今不敢從彼改此蓋相承之異未必宋本之是而我本之非也傳中間有不成語雖疑其有誤然諸本皆同無所取正故姑傳疑以俟

君子今文唐陸元朗曾音之古文則否今因依陸氏音例並音經傳庶乎令讀者不誤其音矣書成而欲剞劂之家塾則淺田思孝出其橐裝以助費遂趣命工從事予未能為吾家孝子且為孔氏忠臣云爾

日本享保十六年辛亥十一月壬午

大宰純謹序

浩蕩无通津則外国真有全本歐陽之言未必无據文獻通考宋雍熙元年日本國僧奝然与其徒五六人浮海而至献銅器十余奝然自言姓藤原氏父為真連二二其国五品官也其国多中国典籍奝然之來得孝經一卷越王新義第十五一卷皆金縷紅羅褾水晶為軸孝経即鄭氏註者越王乃唐太宗子越王貞新義者記室參軍任希古等撰也○大宗諱旻初名匡義改賜光義初封晉王承太祖以昭憲太后顧命舍子而立在位二十二年壽五十九○王仲任名充會稽上虞人家貧无書常遊洛陽市肆閲所賣書一見輙能誦憶遂博通諸流百家著論衡八十五篇以下文見論衡四諱篇○魏志注曹爽從弟文叔妻譙郡夏侯文寧之女名令女文叔蚤死服闋自以年少無子恐家必嫁己乃斷髪為信其後家果欲嫁之令女聞即復以刀截兩耳居止常依爽及爽被誅曹氏悉死令女叔父上書与曹氏絶婚強迎令女歸時文寧為梁相憐其少執義又曹氏无遺類冀其意阻乃微使人風之令女嘆且泣曰吾亦惟之許之是也家以為信防之少懈令女於是竊入寢

室以刀斷鼻蒙被而臥其母呼与語不應發被視之血流滿床席李家驚惶往視之莫不酸鼻〇論衡或說尚書曰尚者上也上所爲下所書也下者誰也曰臣子也然則臣子皆上所爲矣〇初學記書者按釋名言書其時事也上世帝王之遺有三墳五典訓誥誓命孔子刪而序之斷自唐虞以下迄于周凡百篇以其上古之書故曰尚書〇孝者百行之本出鄭注論語〇魚魯相似而易謬故取爲喻〇冬裘夏葛故裘葛者猶曰冬夏〇淺田思孝東都柳原人以兌金爲業〇有底曰囊无底曰橐〇大宰純字德夫信州人本姓平手終身爲處士傳出紫芝園稿

序終

孔安国字子国夫子十一世孫也少學詩于申公受尚書于伏生唐時従祀宋封曲阜伯

滂水盛皃

六合天地四方也

從征記闕里背邾面泗 洙泗共水名

史記孔子以詩書禮樂教弟子蓋三千焉身通六藝者七十有二人

闕里誌復聖顔子魯人名回字子淵邾国之後也武王克商封陸終之裔曹挾于邾其後為夷甫顔有功於周分封小邾為魯附庸子孫因以父字為氏世世仕魯為卿士自夷甫傳至

古文孝經序

孔安國

孝經者何也孝者人之高行經常也自有天地人民以來而孝道著矣上有明王則大化滂流充塞六合若其無也則斯道滅息當吾先君孔子之世周失其柄諸侯力爭道德既隱禮誼又廢至乃臣弑其君子弑其父亂逆無紀莫之能正是以夫子每於閒居而歎述古之孝道也夫子敷先王之教於魯之洙泗門徒三千而達者七十有二也貫首弟子顔回閔子騫冉伯牛仲弓性也至孝之自然皆不待諭而寤者也

亡孫娶齊姜氏生顏子少孔子三十歲天資明睿聞一知十甫成童卽從遊于孔門孔子曰自吾有回而門人日益親　閔子騫名損魯人　冉伯牛名耕魯人　仲弓名雍伯牛宗族兪以德行稱亞於顏子　述而篇子曰不憤不啓不悱不發　圖解憤是心不安於不知發憤求知啓是因其意不能通之悱是將知此理知猶未明在口中半吞半吐說不得破發是因其詞不能達而達之　曾參字子輿魯南

其餘則悱悱憤憤若存若亡唯曾參躬行匹夫之孝而未達天子諸侯以下揚名顯親之事因侍坐而諮問焉故夫子告其誼於是曾子喟然知孝之爲大也遂集而錄之名曰孝經與五經並行於世逮乎六國學校衰廢及秦始皇焚書坑儒孝經由是絕而不傳也至漢興建元之初河間王得而獻之凡十八章文字多誤博士頗以教授後魯共王使人壞夫子講堂於壁中石函得古文孝經二十二章載在竹牒其長尺有二寸字科斗形魯三老孔子惠抱詣京師獻之天子天子使金馬門待詔學士與博士羣儒從隸字

武城人鄫国之後
也禹孫少康封次
子曲烈于鄫為魯
襄公時邾人莒人
滅鄫二世子巫奔
魯去邑而爲曾氏
其孫點生參二年
十六孔子在楚點
命參之楚受孝焉
天性至孝李隨事
精察故獨聞孝經
阜絶諸子
秦始皇帝陽翟呂
不韋子也莊襄王
嘗質於趙見呂不
韋孕姬悅而取之
生始皇於邯鄲名
政姓趙年十三立
爲王天資英武併
吞六国始破封建
爲郡縣
史記李斯曰五帝
不相復三代不相
襲各以理非其相

寫之還子惠一通以一通賜所幸侍中霍光光甚好之言爲口實時王公貴人咸神祕焉比於禁方天下競欲求學莫能得者每使者至魯輒以人事請索或好事者募以錢帛用相問遺魯吏有至帝都者無不齎持以爲行路之資故古文孝經初出於孔氏而今文十八章諸儒各任意巧說分爲數家之誼淺學者以當六經其大車載不勝反云孔氏無古文孝經欲矇時人度其爲說誣亦甚矣吾愍其如此發憤精思爲之訓傳悉載本文萬有餘言朱以發經墨以起傳庶後學者覩正誼之有在也今中祕書皆以魯三老

反時變異也今陛下創大業建萬世之功固非愚儒所知且異時諸侯竝爭厚招游學今天下已定法令出一百姓當家則力農工士則學習法令辟禁今諸生不師今而學古以非當世惑亂黔首丞相臣昧死言古者天下散亂莫之能一是以諸侯竝作語皆道古以害今飾虛言以亂實人善其所私學以非上所建立今皇帝并天下別黑白定一人聞令下則各以其學議之入則心非出則巷議夸主以爲名異取以爲高率羣下以造謗

所獻古文爲正河間王所上雖多誤然以先出之故諸國往往有之漢先帝發詔稱其辭者皆言傳曰其實今文孝經也昔吾逮從伏生論古文尚書誼時學士會云出叔孫氏之門自道知孝經有師法其說移風易俗莫善於樂謂爲天子用樂省萬邦之風以知其盛衰衰則移之以貞盛之敎淫則移之以貞固之風皆以樂聲知之知則移之故曰移風易俗莫善於樂也又師曠云吾驟歌南風多死聲楚必無功卽其類也且曰庶民之愚安能識音而可以樂移之乎當時衆人僉以爲善吾嫌其說迂然無以難之後推尋

如此弗禁則主勢降乎上黨与成乎下禁之便臣請史官非秦記皆燒之非博士官所職天下敢有藏詩書百家語者悉詣守尉雜燒之有敢偶語詩書者棄市以古非今者族吏見知不舉者與同罪令下三十日不燒黥爲城旦所不去者醫藥卜筮種樹之書若欲有學以吏爲師制曰可
通鑑侯生盧生相与譏議始皇因亡去始皇聞之大怒使御史悉案問諸生諸生傳相告引乃自除犯禁者四百六十余人皆阬之咸陽始皇長子扶蘇諫曰諸生皆誦法孔子

其意殊不得爾也子游爲武城宰作絃歌以化民武城之下邑而猶化之以樂故傳曰夫樂以關山川之風以曜德於廣遠風德以廣之風物以聽之脩詩以詠之脩禮以節之又曰用之邦國焉用之鄉人焉此非唯天子用樂明矣夫雲集而龍興虎嘯而風起物之相感有自然者不可謂毋也胡笳吟動馬蹀而悲黃老之彈嬰兒起舞庶民之愚愈於胡馬與嬰兒也何爲不可以樂化之經又云敬其父則子說敬其君則臣說而說者以爲各自敬其爲君父之道臣子乃說也余謂不然君雖不君臣不可以不臣父雖不父

子今上皆重法繩之臣恐天下不安始皇不可建元漢武年号古元年号蓋興始于

子不可以不子若君父不敬其爲君父之道則臣子

使可以忿之邪此説不通矣吾爲傳皆弗之從焉也

此〇三老詳于下〇金馬門有銅馬而摸貢馬於此郡縣貢士待詔此門〇侍中侍衛君巾〇霍

光字子孟出入宫闈二十余年上察可属社稷臣周公負成王圖賜之甘露中圖形麒麟閣居第

一〇叔孫氏乃叔孫通放〇漢先帝詔子国呂前無見〇師曠云見左氏傳襄十八年〇子遊爲

武城宰出雍也篇〇傳云晋語平公説新声師曠曰公室其將卑乎夫樂云云〇又曰出毛詩大

亭〇笳卷芦葉而吹之胡国樂器也

亭畢

孝經序

玄宗皇帝

朕聞上古其風朴略雖因心之孝已萌而資敬之禮猶簡及乎仁義既有親譽益著聖人知孝之可以敎人也故因嚴以敎敬因親以敎愛於是以順移忠之道昭矣立身揚名之義彰矣子曰吾志在春秋行在孝經是知孝者德之本歟經曰昔者明王之以孝理天下也不敢遺小國之臣而況於公侯伯子男乎朕嘗三復斯言景行先哲雖無德敎加於百姓庶幾廣愛形于四海嗟乎夫子沒而微言絕異端起而大義

玄宗唐第六帝也諱隆基睿宗之子以撥宮闈之亂為太子延和元年即位時年三十三在位四十五年壽七十八崩謚孝帝廟号玄宗開元十年製經序并注

朕者我也古者尊卑皆称之秦始皇二十六年始定為天子之称

正義詩云高山仰止景行行止

家語孔子謂子路曰夫江始於岷山其源可以濫觴至江津也不舫舟不避風雨不可以涉

五傳者宋漢書藝文志云左氏傳三十卷左丘明魯太

史也公羊傳十一卷公羊子齊人名高受經於子夏穀梁傳十一卷名赤糜信云与秦孝公同時十録云名俶字元始風俗通子夏門人鄒氏傳十一卷漢書云王吉善鄒氏春秋夾氏傳十一卷有録无書鄒夾二傳王莽時亾失耳

四詩者毛詩自夫子授卜商傳至大毛公名亨大毛公授毛萇趙人爲河間獻王博士先有子夏詩傳萇各置其篇至鄭玄爲箋韓詩漢文帝時博士燕人韓嬰所傳武帝時与董仲舒

乖況泯絕於秦得之者皆煨燼之末濫觴於漢傳之者皆糠粕之餘故魯史春秋學開五傳國風雅頌分爲四詩去聖逾遠源流益别近觀孝經舊註踳駁尤甚至於跡相祖述殆且百家業擅專門猶將十室希升堂者必自開戶牖攀逸駕者必騁殊軌轍是以道隱小成言隱浮僞且傳以通經爲義義以必當爲主至當歸一精義無二安得不翦其繁蕪而撮其樞要也韋昭王肅先儒之領袖虞翻劉邵抑又次焉劉炫明安國之本陸澄譏康成之註理或當何必求人今故特舉六家之異同會五經之旨趣約文敷暢義則

論於上前仲舒不能難至晉無人傳習是曰韓詩齊詩漢景帝時博士清河大傅轅固生所傳号齊詩傳夏侯始昌一授后蒼箋門人亦盛後漢陳元方亦傳之至西晉亡逸今詩魯詩漢武帝時魯人申公所述以經爲訓詁教之無傳疑者則闕号爲魯詩○百家十室者名序不指摘不可強言蓋謂皇侃義疏梁武講疏魏真先訓註劉綽疏右蓍張禹鄭玄王肅之徒○韋昭字弘嗣吳郡雲陽人避晉文帝諱改名曜仕吳至中書僕射侍中領左國史封高陵亭侯○王肅字子雍王朗子仕魏爲散騎黃門侍郎兼大常○虞飜字仲翔會稽人仕吳以儒學聞○劉邵字孔才邯鄲人仕魏賜爵關內侯○劉炫字光伯河間景城人左畫方右畫圓口誦目數耳聽无遺仕隋歷大學博士罷歸河間賊中饑死諡宣德先生初炫既得王邵所送古文孔安國註本遂著古文稽疑以明之○陸澄字彥淵吳郡吳人也少學博覽无不知起家仕宋至齊歷國子祭酒光祿大夫初澄以晉荀昶所學爲非鄭玄所註請文藏秘書王儉違其議○六家即韋昭王肅虞飜劉邵劉炫陸澄也○考工記玉人職云琬圭九寸而繅以象德註云琬猶圜也王使之瑞節也諸侯有德王命賜之使者執琬圭以致命焉繅藉也又云琰圭九寸判規以除慝以易行註云凡圭琰上寸半琰圭琰半以上又半爲瑑飾諸侯有爲不義使者征之執以爲瑞節也除慝誅惡逆也

昭然分註錯經理亦條貫寫之琬琰庶有補於將來且夫子談經志取垂訓雖五孝之用則別而百行之源不殊是以一章之中凡有數句一句之內意有兼明具載則文繁略之又義闕今存於疏用廣發揮

魚下脫袋之字

△

唐太宗時名儒時召中制待詔爲北門學士明皇改曰翰林待詔職林至德後天子召集賢學士於禁中中書詔因在翰林待進止遂以爲名

通典曰開元中馬懷素等侍讀禁中十三年集賢院置侍讀學士其後康子元爲侍講學士宋朝真宗始置此二職於翰林爲自楊徽之邢昺始也

孝經註疏序

宋翰林侍講學士朝請大夫守國子祭酒上柱國

賜紫金魚袋臣邢昺等奉　勅較定註疏

孝經者百行之宗五教之要自昔孔子述作垂範將來與旨微言已備解乎註疏尚以辭高旨遠後學難盡討論今特剪截元疏旁引諸書分義錯經會合歸趣一依講說次第解釋號之爲講義也

通典曰漢竇嬰爲朝請竇太后憎嬰門籍不得入朝請此其始也漢律諸侯春朝天子曰朝秋曰請奉朝請無員本不爲官漢東京罷省三公外戚皇室諸侯多奉朝請奉朝請者奉朝會請召而已隋開皇中罷奉朝請置朝請大夫爲散官○官高位卑者先書位注守字○國子監晉初立國子學改大學爲國子學始置祭酒唐高祖作國子監釋奠先師後漢有博士祭酒官古者稽其席長上人曰祭酒索隱曰食必祭先飲酒又然祭先必以席中之尊者一人當其祭耳○事物紀原隋置上柱國柱國以酬勳勞實不理事故唐以爲勳官○魚袋三代以韋爲之謂之韋袋魏易之爲龜唐高祖給隨身魚三品以上其飾金五品以上其飾銀故名魚天后改爲龜袋後曰魚

孝經集覽卷之上

漢　孔安國　傳

唐　玄宗皇帝　御註

宋　邢昺　疏

朱熹　刊誤

日本　山本信有　輯

開宗明誼章第一　經一百二十五字

邢疏　開張也宗本也明顯也義理也言此章開張一經宗本顯明五孝之義理次第一數之始也以此章總標諸章以次結之故爲第一章者明也謂分析科段使理章明說文樂詞闋爲一章章字从音从十謂從一至十十數之終蓋因風雅凡有科段皆謂之章焉

樂一成曰闋　風十五国風雅大小雅

凡名有五品左傳桓六年申繻對桓公語
仲尼首上出史記孔子世家
人物考孔子之母禱尼丘山因生焉故名丘字仲尼
尼丘山在兗州泗水縣五十里出括地志
兄伯尼祖庭廣記陬大夫叔梁紇初娶施氏有九女而无男妾生孟皮字伯皮有足疾家語

乙 劉子政校經籍方載古文二本孝經取十八章者爲正而不列章名荀昶解猶然鄭康成注孝經也始録章名則可覩章名孔氏所无而後人杜撰不可疑刊誤集說皆刊而不録豈不卓識哉今從從之若唐諸儒會議連狀題其章名妄而不知也

仲尼閒居曾子侍坐子曰參先王有至德要道以訓天下民用和睦上下亡怨女知之乎曾子辟席曰參不敏何足以知之乎 訓今文爲順閒音閑坐才卧反亡音無女音汝辟音避

傳 仲尼者孔子字也凡名有五品有信有誼有象有假有類以名生爲信以德名爲誼以類名爲象取物爲假取父爲類仲尼首上汚似尼丘山故名曰丘而字仲尼孔子者男子之通称也仲尼之兄

同
史記曰藏字將家
子解燕疾時禮敎
不行欲修之孔子
善焉
道者扶持萬物出
管子
是以已下十字難
爲句

伯尼閒居者靜而思道也曾子者男子之通称也
名參其父曾點亦孔子弟子侍坐承事左右閒道
訓也子孔子也師一而已故不称姓先王先聖王
也至德孝德也孝生於敬敬者寡而說者衆故謂
之要道也訓敎也道者扶持萬物使各終其性命
者也施於人則變化其行而之正理　故道在身
則言自順而行自正事君自忠事父自孝與人自信
應物自理一人用之不聞有餘天下行之不聞不
足小取焉小得福大取焉大得福天下行之而天
下服是以總而言之一謂要道別而名之則謂之
孝弟仁誼禮忠信也言先王行要道奉理則遠者
和附近者睦親也所謂率己以化人也廢此二詞
則萬姓不協父子相怨其數然也問曾子女寧知
先王之以孝道化民之若此也敏疾也曾子下席
而跪稱名答曰參性遲鈍見誰不疾何足以知
先王要道乎蓋謙辭也凡弟子請業及師之問皆
作而
離席
御注　仲尼孔子字居謂閒居曾子孔子弟子侍謂
侍坐孝者德之至道之要也言先代聖德之主能

孝經孔氏卷之上

公羊閭里誌公羊高周末齊人受春秋于卜子夏傳其子平

順天下人心行此至要之化則上下臣人和睦參曾子名也禮師有問避席起荅敏達也言參不達何足知此至要之義

【正義】夫子以六經設教隨事表名雖道由孝生而孝綱未舉將欲開明其道垂之來裔以曾參之孝先有重名乃假因閒居爲之陳說自標己字稱仲尼居呼參爲子稱曾子侍建此兩句以起師資問荅之體似若別有承受而記錄之子者孔子自謂案公羊傳云子男子通稱也古者謂師爲子故夫子以子自稱曰者辭也言先代聖帝明王皆行至美之德要約之道以順天下人心而教化之天下之人被服其教用此之故並自相和睦上下尊卑無相怨者參汝能知之乎又假言參聞夫子之說乃避所居之席起而對曰參性不聰敏何足以知先王至德要道之言

【孔】德者所得於我也不可謂爲寧馨物周禮稱六德曰知仁聖義忠和　中庸舉達德曰知仁勇論語

辰次也天有十二次謂日月所次

曰君子之德風小人之德屮又曰大德不踰閑小
德出入可也如先儒道藝得於身天理得於心謂
之德其言也奇其說也辯然奈非先王之法言何
道亦不一典倫各異也辟諸行蝦者東去之韓者
西征樊然世儒胜說古豈在焉乎孝也乃子道而
所得於我凡百行業嚆矢于斯故曰至德要道

子曰夫孝德之本也教之所繇生也復坐吾語女 夫音扶

繇音由今文作由 坐才卧反語魚據反

傳 孝道者乃立德之本基也教化所從生也德者
得也天地之道得則日月星辰不失其叙寒燠雷
雨不失其節人主之化得則羣臣同其誼百官守
其職萬姓說其惠來世謌其治父母之恩得則子

教從孝祭義曾子云衆之本教曰孝

下道字衍

孫和順長幼相承親戚歡娛姻族敦睦道之美莫
精於德也將開大道欲其審聽故令還復本坐而
後語之夫辟席答對弟子執
恭告令還坐師之恩恕也
御註 人之行莫大於孝故爲德本言
教從孝而生曾參起對故使復坐
疏 義既敍曾子不知夫子又爲釋之曰夫孝德行
之根本也釋先王有至德要道謂至德要道元出
於孝二爲之本也云教之所由生也者此釋以順天
下民用和睦上下无怨謂王教由孝而生也孝道
道深廣非立可終故使復坐吾語汝也
乙 子國以爲孝道立德之本也孝或屬行或屬德
不可偏命道德剏立字下得而不穩若大上立德
自別也本如物有本末之本根莖條枚相持而然
然斷爲兩豈不誤乎習性必在美惡故教曰德教

其今文作厥

東脩晉書儒林傳虞喜天挺自素高尚邈世東脩立德

所以化俗也修道謂之教所下於三事謂之教司徒之職典樂之官庠校之設三老之建孝爲先刑罰之具五刑之屬三千辜莫大於不孝以君子豹變亡賴革面唐虞之際聊茫四海無爲而理重譯九夷垂拱而來服豈有狡猾術數其道孝弟而已

身體髮膚受之父母不敢毀傷孝之始也立身行道揚名於後世以顯父母孝之終也夫孝始於事親中於事君終於立身大雅云亡念爾祖聿脩其德夫音扶

傳 本其所由也人生稟父母之血氣情性相通分形異體能自保全而無刑傷則其所以爲孝之始者也是以君子之道謙約自持居上不驕處下不亂推敵能讓在衆不爭故遠於咎悔而无凶禍之

鹽鐵論桑弘羊曰臣結髮束脩得宿衛皆謂束帶修飾

禮內則世子生三日卜士負之射人以桑弧蓬矢射天地四方示其有事鄭玄曰桑弧蓬矢本大古也天地四方男子所有事貫遶曰叢木中之衆蓬生中亂取其長大統衆而理亂遺表文字間見曲礼管子庭諸昏

七十老致仕懸以下車公羊傳註禮七十懸車致仕疏按日在懸輿一日之

矣焉也　立身者立身於孝也束脩進德志邁清風遊于六藝之場蹈于无過之地乾乾日競夙夜匪懈行其孝声譽宣聞父母尊顯於當時子孫光榮於无窮此則孝之終竟也言孝行之非一以事親言之其爲孝也非徒不毀傷父母之遺體而已故略於上而詳於此互相備矣禮男初生則使人執桑弧蓬矢射天地四方示其有事是故自生至三十則以事父母揖兄弟和親戚睦宗族敬長老信朋友爲始也四十以往所謂中也仕服官政行其典誼奉法无貳事君之道也七十老致仕懸其所往之車置諸廟永使子孫鑒而則焉立身之終其要然也大雅者美文王之德也无念念也聿述也言當念其先祖而述脩其德也斷章取誼上下相成所以終始孝道不以敢解倦者以爲人子孫懼不克昌前烈忝累其先祖也

御註　父母全而生之己當全而歸之故不敢毀傷言能立身行此孝道自然名揚後世光顯其親故行孝以不毀爲先揚名爲後言行孝以事親爲始事君爲中忠孝道著乃能揚名榮親故曰終於立身也詩大雅也无念念也聿述也厥其也義取恒念先祖述脩

暮人年七十亦一世之暮而致其政事於君故曰懸輿致仕也

詩鄘風君子偕老鬒黑也

萬姓統譜胡宏字仁仲知事楊時候仲良而卒傳其父之學優游衡山下二十餘年卒者称爲五峯先生

侍郎後漢書百官

其德也

疏 身謂躬也體爲四支也髮謂鬢毛膚謂皮膚禮運曰四體既正膚革充盈詩曰鬒髮如雲此則身體髮膚之謂也言爲人子者常須戒慎戰戰兢兢恐致毀傷此行孝之始也又言孝行非唯不毀而已須成立其身使善名揚于後代以光榮其父母此孝行之終也若行孝道不至揚名榮親則未得爲立身也夫爲人子者先能全身而后能行其道也夫行道者謂先能事親而後能立其身前言立身未示其跡其跡始者在於內事其親也中者在於出事其主忠孝皆備揚名榮親是終於立身矣子敘述立身行道揚名之義既畢乃引大雅文王之詩以結之言凡爲人子孫者常念爾之先祖常述脩其功德也

刊誤 熹舊見衡山胡侍郎論語說疑孝經引詩非經本文初甚駭焉徐而察之始悟胡公之言爲信而孝經之可疑者不但此也因以書質之沙隨程可久丈程答書曰頃見玉山汪端明亦以爲此書多出後人傅會於是乃知前輩讀書精審其論固已及此又竊自幸有所因述而得免於鑿空妄言

志侍郎三十六人四百石本注一曹有六人主作文書也中

統講經迥字可久初從寧陵之沙隨靖虜之乱東從於餘姚孤貧飄泊年二十余始讀書授經学於崑山王

丈黄氏曰初人壽以百歲爲正形以一丈爲正故名男子爲丈夫尊翁嫗爲丈人

朱子節要汪尚書名應辰字聖錫玉山人進士第一謚文定嘗爲端明殿學士故亦称汪端

之罪也因欲而援取他書之言可發此経之旨者別爲外傳顧未敢耳

乙 詩載愛親之切惟桑與梓思乎所親哉手澤猶存而恭敬不敢忽焉夠身者父母遺體豈可蔑視恕乎此孝経一篇大綱領子輿受諸夫子終身事斯語臨易牀因啟予手啟予足今而后知免夫故殊人異世亡慮論定矣唯孔氏安國傳無刑傷爲孝之始夫子之意於非欲好事履發新奇將駭耳目先儒以安國傳爲劉炫之擬作不亦宜乎近大宰純者還用之斷爲安國所作僅引徵王充之說以爲古訓然不知宗周古於漢室而子輿子吝

明先生推爲當時
善類之宗主

多旅子國仲任也可謂无替哉若謂忠臣赴君難
者不避水火兵刃節婦有斷髮截鼻者彼皆爲不
孝矣固哉謂諸膠柱而鼓瑟刻船而探劍天下有
道父母共存兄弟无事則以全歸弗傷爲孝是經
也天下無道國亂履滑見危致命毀身全節是權
也設如傅說正士被奴忠臣受戮孝婦懷冤亦爲
不孝耶純也不知彝倫大本職之由所謂難共与
適道者也彼曾子而可以與權曾子曰身也者父
母之遺體也敢不敬乎居處不莊非孝也事君不
忠非孝也莅官不敬非孝也朋友不信非孝也戰

陣無勇非孝也五者不遂裁及於親不敢敬乎已
立身非官遂爵達之謂如中立而不倚三十而立
之立所謂所遇各達居廣居立正位行大道得志
与民由之不得志獨行其道富貴不能淫貧賤
不能移威武不能屈手艶不能蕩不見陷於不
義不見惑於異端亭焉凝焉克己復禮於是
曰幸哉有子矣亦曰在此母而生此子爲我屢
善顯父母之美故孝終身之業父母既沒當復
足爲孝將爲善思貽父母之令名必果將爲不
善思貽父母羞辱必不果嚮道而行忘身之老

事物紀原説文曰古之神聖人母感天而生子故曰天子帝王世紀神農氏之母有蟜氏名女登則帝王之稱天子自炎帝始也

按尔疋九族高祖曾祖祖父己子孫曾孫玄孫左氏傳杜註九族外祖父母從母子妻父母姑子姊妹子女子子

而不知年数之不足夙夜乾乾死而后已之斯謂也

天子章第二

前開宗明義章雖通貴賤其跡未著故此已下至於庶人凡有五章謂之五孝各説行孝奉親之事而立教焉天子至尊故標居其首按礼記表記云惟天子受命於天故曰天子白虎通云王者父天母地亦曰天子虞夏以上未有此名殷周以來始謂王者爲天子也〇經五十三字

子曰愛親者不敢惡於人敬親者不敢慢於人惡烏路反

傳 謂內愛己親而外不惡於人也夫兼愛無遺是謂君心上以順教則萬民同風旦暮利之則從事勝任也謂內敬其親而外不慢於人所以爲至德也其至德以訓天下而長幼之節肅焉尊卑之序辨焉是故不遺老忘親則九族無怨爵授有德則大臣興誼祿賞有功則士死其制任官以能則民

非己之同族皆外親有服而異族者也

載尚從曾子作戴

上功刑當其罪則治無說帥士以民之所載則上下和樂治先民之所急則衆不亂常行斯道也故國有紀綱而民知所以終始之也

御註 博愛也廣敬也

疏 此陳天子之孝也所謂愛親者是天子身行愛敬也不敢惡於人不敢慢於人者是天子施化使天下之人皆行愛敬不敢慢惡於其親也親謂其父母也

乙 蓋此古語夫子方語天子之孝故譬古而徵之輒非法言不敢言也夫惟人主之行当若天之无私天怒可怒何敢惡有烈風苦雨交至霹靂崒崩浩水襄陵孛彗茲見妖孽踵興所以怒於人主无道然悛則已矣怒之而戒之切如慈父教子踢撻隤撫声唱意喣或慼或風誚誚懇懇莫不盡耳及

無悛不得已而后逐之明主得斯天心以爲己心故可怒則怒焉可親則親焉何敢惡焉何敢好焉湯武征伐唐虞四罪豈在意其間哉辜辟在彼政刑在我姦軌允律則以處刑在不得已佗蠢尔還可憫何惡之有傳曰怒其犯而不惡其人人主尚有好惡則諛諂面諭追氣尋臭影從響應而後鄭声縣之在矣傾國巷之在矣於是讒諛莫聞忠良目遠酒池肉林割孕射帝无不爲也豈不謹邪若壬不然若士而侶於人主不敢惡於人齷齪一原人耳何則刑柄有上不有我雖看知國憂蠧賊苟

𡚁奸獪如秦叟過楚嫗不克惡之好言令色依違

容世奈招諂諂於大方英雄何貴而下賤謂之尊

賢賢才國家之命脉故經濟以人才之興廢必于

教亭妍嵳以在爲之君憂世之臣俾鄉黨術閭庠

序擶比子弟能自知辨數面方則必遊校宮其垂

教者曰先生受業者曰弟子乃比父兄而明在三

之義行則陪之坐則侍之動則默而識言則書于

紳朝益莫習小心翼二一此不懈各就其友相切

相磋親如父子交如同胞淫声不納于耳美[illegible]

留于目省逸游遠非類才難從古雖爾唐虞之際

於斯盛矣豈不職之由後世所以乏元凱亦斈不
得其法之弊耳今也文明日昇固須俊乂不乏朝
野然學術尚未得无[illegible]無用而自安於書生之業
[illegible]中僅剋一二頻日霎時相會少正夫子塾上甘
誇鱺參伍難解不知先天下之憂而憂之曰師曰
弟子羣則鳥集去則路人矣在志於崇師時候起
居耳假令師當為師之器未曰如之何如之何雖
夫子親炙之不能如之何不會斈阿屠物讀吾什
麼終身獨學逸居歷載不得一益者間在焉可勝
大息乎哉夫斈也小而修身誠意大則入相出將

博物志天地四方皆海水相通地在其中蓋无幾也七戎六蠻九夷八狄形類不同總而言之謂之四海言睧晦也○周禮職方氏注四海猶四方也

置天下於泰山之安復風俗於三代之隆挫叛黨於未發之前折衝外冠於萬里之遠設曰才俾之然豈勿李衛左右乎故曰李也賢才地賢才国憂命脉非徒不養之耳而慢之神鬼爲不祉宗廟亦不血食司企踵侯是所以敬親者不慢於人也

愛敬盡於事親然後德教加於百姓刑於四海蓋天子之孝也呂刑云一人有慶兆民賴之

傳刑法也百姓被其德四海法其教故身者正德之本也治者耳目之器也立身而民化德正而官辨安危在于治乱在身故孝者至德要道也有其人則通无其人則塞也蓋者称辜較之辞也略其其大綱則綱目必舉天子之孝道不出此域也呂刑尚書篇名也呂者國名四嶽之後也爲諸侯訓

書経正義呂侯得穆王之命為天子司寇之卿穆王於是用呂侯之言訓暢夏禹贖刑之法呂侯称王之命而布告天下史録其事作呂刑

孔氏曰孔安国云呂侯後為甫侯故詩及礼記作甫尚書与外傳作呂是

詩経大全

朱氏曰甫侯未知其国所在同上

通鑑集要穆王名滿昭王子在位五十五年

尚書疏金作贖刑唐虞之法周礼

穆王訓夏贖刑以告四方一人謂天子也慶善也十億為兆言天子有善德兆民賴其福也夫明于設位法象天地是以天子稟命於天而布德於諸侯諸侯受命而宣於卿大夫卿大夫承教而告於百姓故諸侯有善歸功天子卿大夫有善推美諸侯士庶人有善歸之卿大夫子弟有善移之父兄由于上之德化也

御注 刑法也君行博愛廣敬之道使人皆不慢惡其親則德教加被天下當為四夷之所法則也

疏 言天子豈唯因心內恕克己復禮自行愛敬而已亦當設教施令使天下之人不慢惡於其父母如此則至德要道之教加被天下亦當使四海蠻夷慕化而法則之此蓋是天子之行孝也孝經援神契云天子孝曰就言德被天下澤及萬物始終成就榮其祖考也五等之孝惟於天子章稱子曰者皇侃云上陳天子極尊下列庶人極卑尊卑既異恐嫌為孝之理有別故以一子曰通冠五章明尊卑貴賤有殊而奉親之道无二夫子述天子之行孝既畢乃引尚書甫刑篇之言以結成其義慶善也言天子一人有善則天下兆庶皆倚賴之也

職金掌受士之金罰貨罰入于司兵則罰示有贖刑而遠訓夏之贖刑者周礼惟言士之金罰人似不得贖罷繇使示得贖罷贖必異於夏法以夏刑為軽故祖而用之罷濁則刑之疑則贖之

四夷蛮夷狄戎

善則愛敬是也一人有慶結愛敬盡於事親已上也兆民賴之結而德教加於百姓已下也

乙 夫子斷古語而明言天子之孝不徧定省温凊

諸侯章第三

疏 次天子之貴者諸侯也案釋詁云侯君也不曰諸公者嫌涉天子三公也故以其次稱為諸侯猶言諸國之君也皇侃云以侯是五等之第二下接伯子男故稱諸侯今不取也

子曰居上不驕高而不危制節謹度滿而不溢

傳 高者必以下為基故居上位不驕莫不好利而惡害其能與百姓同利者則萬民持之是以雖處高猶不危也有制有節謹其法度是守足之道也其知守其足則雖滿而不盈溢矣

御註 諸侯列國之君貴在人上可謂高矣而能不驕則免危也費用約儉謂之制節慎行禮法謂之謹度無禮為驕奢泰為溢

疏 夫子前述天子行孝之事已畢次明諸侯行孝

出車馬謂之賦
貢穀米謂之稅

也言諸侯在一國臣人之上其位高矣高者危懼若能不以貴自驕則雖處高位終不至於傾危也積一國之賦稅其府庫充滿矣若制之節限慎守法度則雖充滿而不至盈溢也滿謂充實溢謂奢侈倨傲位不期驕祿不期侈是知貴不與驕期而驕自至富不與侈期而侈自來言諸侯貴爲一國人主富有一國之財故宜戒之也

乙 蓋復古語也矣由來失国履者多端于色于貨于酒于柔于暴然一箇驕未必不因循驕奢一萌則積善盛德爲畫糢耳而後九族不親而大臣不悅大臣不悅而丘民畔凡君以民爲天天畔之不危者未之有故先王子恤庶民畏天命畏聖言戰戰兢々惜才陰不娛逸于政刑下

禮樂罷勉努力夙夜不解有与天地悠久之安
矣若射雁於後園曰朕在位日離天將累某之
極在土崩之勢也矣政不足與誅人不足与非
唯大人爲正於君心之非何則君意不歸正而
弗判涇渭則爲之艾一傾國一傾国復生弗一
掊克一掊克復進況乎暴政襄乎任執之去之
徐陸續連綿接武給踵蚊聚蜂起嗚呼丹基突
奧之地人心惟危甚于幕燕一步危則忽然陷
大澤豈雖造次瞬息可忽乎而非意一旦離正
熟游術中而世与我不相知其復正邪自如似

疇昔邪與否邪所謂无爲而爲之自然而然者也以厥一旦難正先王立諸節制令庸主不得自恣妃嬪進御以次不渚厭貴不得当夕三夫人九嬪二十七世婦八十一御妻各有其數所以豫節於內寵也而尚或后宮萬數良屢不足取諸民户充掖庭矣中宮必用奄人所以錮制內權也奄人所常賤輕軀亦已絶望於人間而無可傳采於紹嗣之思夫中宮易狀易昵狀者言聽昵者謨用故內官一握權固祢謹慎庸人故體自漏泄瑣瑣姻亞則膴仕而外朝正臣拂

地蒙禍以作常所賤惡之人及軀亦絶望於苗
裔者爲中官所慮豈不遠乎後世宦官列藩屛
立大樹南省抗威北省竟至義子嗣職令人主
不讀書親儒先王之制非不至追眞人主得之
然耳正諸樂遠鄭声所以節淫也无事不殺牛
名耶則蒿不敢餐所以節口也動則左史記之
言則右史記之所以節言行也冕旒蔽目黈纊
塞耳所以節聰明也食麁服疏所以節身也土
階三尺茅茨不翦所以節居也却奇觀玩所
以制逸也五等殊章軒路品飾所以制尊卑也

入則傅保典待其左右出則疑丞並其前後縱
攀春柳且有正色敢言挫其幾者若則始猶懷
晨風曰人而辱朕朕必斬熅淡日久非意漸洋
曰堯舜之心爲心今朕之謏吕朕之心爲心故
多罔辜於是五風十雨米粟斗三錢麟鳳在囿
龜竜在沼而曝背擊壤將哥帝力何有于我乎
度法也人主自在人主之度人臣自在人臣之
度至尊暫舍克事縣官盡其敬文隣国盡其信
接大臣盡其禮精辨賢否覈審曲直不眩異端
不惑邪說弄臣不縱女謁不行野莫遺賢朝

莫素餐也世祿而弗世官凡百爾人各專其職
不貳其業以天物不自有故不賞無功不罰無
罪子愛黎庶徵貢適宜賦徭不煩產定生遂民
有恒心入孝出弟路弗拾遺夜不闔戶市不弍
價班白者不負戴於道路畊耦遜畔士大夫讓
階四方則焉府庫繙貫之污矣倉廩紅腐之生
矣可謂盈也守之以儉處之以謙竟不溢家之
以宥坐之器謂諸此公侯之度
高而不危所以長守貴也滿而不溢所以長守富也
富貴不離其身然後能保其社稷而和其民人蓋諸

前漢書郊祀志自共工氏霸九州其子曰句龍能平水土死爲社祠有烈山氏王天下其子曰柱能植百穀死爲稷祠故祀社稷所從來尚矣

詩朱傳大夫以王惑邪謀不能斷以從善而作此詩

侯之孝也詩云戰戰兢兢如臨深淵如履薄冰離力智反

高者必以下爲基故居上位不驕莫不好利而惡害其能與百姓同利者則萬民恃之是以雖處高猶不危也有制有節謹其法度是守足之道也其知守其足則雖滿而不盈溢矣皆自然也先王疾驕天道虧盈不驕不溢用能長守富貴也是故自高者必有下之自多者必有損之故古之聖賢不上其高以求下人不溢其滿以謙受人所以自終也有其德斷其爵矣有其爵斯其社稷矣居身於德處尊於爵據有社稷行其政令則人民和輯四境以寧諸侯之孝道其法如此也詩小雅小旻之章自危懼之詩也行孝亦然故取喻焉臨深淵恐墜履薄冰恐陷言常不敢自康也夫能自危者則能安其位者也憂其亡者則能保其存者也懼其亂者則能有其治者也故君子安而不忘危存而不忘亡治而不忘亂是以身安而國家可保也

御註 列國皆有社稷其君主而祭之言富貴常在其身則常爲社稷之主而人自和平也戰戰恐懼兢兢戒慎臨深恐墜履薄恐陷義取爲君恒須戒懼

三礼義疏鄭氏康成曰府治藏史掌書者凡府史皆其官長所自辟除賈疏宰夫八職五曰府掌官契以治藏六曰史掌官書以贊治

懼

疏又覆述不危不溢之義言居高位而不傾危所以常守其貴財貨充滿而不爲溢所以長守其富使富貴長久不去離其身然後乃能安其國之社稷而協和所統之臣人謂社稷以此安臣人以此和也言此上所陳蓋是諸侯之行孝也皇侃云民是廣及無知人是稍識仁義即府史之徒故言民人明遠近皆和悅也援神契云諸侯行孝曰度言奉天子之法度得不危溢是榮其先祖也夫子述諸侯行孝終畢乃引小雅小旻之詩以結之言諸侯富貴不可驕溢常須戒懼故戰戰兢兢常如臨深履薄也

乙是廼夫子語誼如前章 信有 常聞理國不以礼則申韓商鞅之道也故経濟㠯禮爲本礼一弛則上下亂上下乱而叛寇作叛寇作于彼臣子于斯有弑其君父者可不惧乎叔孫通何知所謂先王

之礼者然一施綿蕝漢高始知天子之尊矧假令得其人而行其時三五為六四亦不可知也然礼之用㠯和為貴礼過和則離離諄諄畔畔之極婦姑勃磎兄弟鬩牆而天倫廢矣況州里鄉黨相和鬭者可勝數乎謂諸國非其國詩云我躬不閱遑恤我後雖有智者難爲書唐虞之化先王㠯所以其然制禮作樂自洒掃應對以至冠昏喪祭經禮三百威儀三千節長幼詳上下省其容貌內矯其曲聲肌膚之會筋骸之束外禦其侮五声律呂以節八風養性情蕩滌其邪穢消融其查滓一契潤

和殊類傳曰發而中節謂之和豈得不爲礼樂乎禮樂固雖登於聖作董子所謂大原出于天者也故欲礼樂以和民人必先順天敬命孟子曰順天者存逆天者亡天道福善禍淫維影響無曰高〻在上陟降厥士日監在茲昊天曰明及爾出王昊天曰旦及爾游衍莫謂人不識莫見乎隱莫顯乎微鬼神常窺厥室天已知神已知我已知何必得欺闇昧廢禮欺与不欺亦一大鎖鑰上也不欺先聖中也不欺嘗所誦讀之墳典下也不欺自己神居不欺其親仕不欺其君仰不欺天俯不欺人行

保其祿位而守字今文無

古今注廟者貌也所以髣髴先人之狀貌也

而无慚其影坐而无慚其席居則无慚屋漏寢則无慚裯蓐幽而无愧神祇若斯而須長守富貴保社稷

卿大夫章第四

疏 次諸侯之貴者卽卿大夫焉說文云卿章也白虎通云卿之爲言章也章善明理也大夫之爲言太扶扶進人者也故傳云進賢達能謂之卿大夫王制上大夫卿也典命王之卿六命大夫四命則卿與大夫異也今連言者以其行同也

子曰非先王之法服不敢服非先王之法言不敢道非先王之德行不敢行是故非法不言非道不行口亡擇言身亡擇行言滿天下亡口過行滿天下亡怨惡三者備矣然後能保其祿位而守其宗廟卿大夫

尚書予欲觀古人之象日月星辰山竜花蟲作會宗彝藻火粉米黼黻絺繡以五采章施于五色作服汝明

之孝也今文無子曰德行擇行行滿之行下孟反亡音無惡旧音烏路反乙音如字

僭服者身之表也尊卑貴賤各有等差故賤服貴服謂之僭上僭上為不忠貴服賤服謂之偪下偪下為失位是以君子動不違法舉不越制所以成其德也法言謂孝弟忠信仁誼禮典也此八者不易之言也非此則不說也故能參德於天地公平无私賢不肖莫不用是先王之所以合于道也脩德於身行之於人擬而後言議而後動擬議以其志勤以行其典誼中能應外施必先當是以上安而下化之也必合典法然後乃言必合道誼然後乃行也无定之士明王不禮无度之言明王不許也尤所宜慎故申覆之法服有制是以不重也言所可言行所可行故言行皆善无可棄擇者焉若夫偷得利而後有害偷得樂而後有憂則先王所不言所不行也聖人詳慎與世超絕發言必顧其累將行必慮其難故出言而天下說之所行而天下樂之言不逆民行不悖事則人恐其不復言恐其不復行若言之不可復者其事不信也行之不可再者其行暴賊也言而不信則民不附行而暴

宅兆以下必有脫誤不可強解

正義礼卿大夫立三廟者詳見末章

周礼春官大宗伯以禽作六摯以等諸臣孤執皮帛卿執羔大夫執鴈庶人執鶩工商執雞注摯之爲言至也所執以自致也

賊則天下怨民不附天下怨此皆滅亡所從生也三者謂服法言有則行合道也立身之本在此三者三者毛闕則可以安其位食其祿祭祀祖考護守宗廟宗者尊也廟者貌也父母既没宅兆其靈於之祭祀謂之尊貌此卿大夫之所以爲孝也

御注 服者身之表也先王制五服各有等差言卿大夫遵守禮法不敢僭上偪下法言謂禮法之言德行謂道德之行若言非法行非德則虧孝道故不敢也言必守法行必遵道言行皆遵法道所以无可擇也礼法之言焉有口過道德之行自无怨惡三者服言行也禮卿大夫立三廟以奉先祖言能備此三者則能守宗廟之祀

疏 夫子述諸侯行孝之事終畢次明卿大夫之行孝也言大夫委質事君學以從政立朝則接對賓客出聘則將命他邦服飾言行須遵礼典非先王禮法之衣服則不敢服之於身若非先王礼法之言辞則不敢道之於口若非先王道德之景行亦不敢行之於身就此三事之中言行尤須重慎是故非禮法則不言非道德則不行所以口无可擇之言身无可擇之行也使言滿天下无口過行滿

天下無怨惡服飾言行三者无虧然後乃能守其先祖之宗廟蓋是卿大夫之行孝也援神契云卿大夫行孝曰譽蓋以声譽爲義謂言行布滿天下能无怨惡遐邇稱譽是榮親也舊說云天子諸侯各有卿大夫此章既云言行滿于天下又引詩云夙夜匪懈以事一人是舉天子卿大夫也天子卿大夫尚爾則諸侯卿大夫可知也

乙 斷句於不敢行而爲古語吕已降爲夫子語蓋先王設制也仰象諸兩儀俯錯諸人情懇切慇懃忽發莫不到故爲後王者一循其成法而熟商時宜在損益之耳若不師古無稽之言惟聽弗詢之謀惟膚妄加我意於其上喪國之主莫世而無之或學不純讀書不熟名師古不協稽古之實恣在

復古而意在濟世却塗炭蒼生致宇內擾擾悉譯所謂差毫釐謬呂千里也豈可不謹乎如彼設閔曾察異言異服者而已　異服者無法擯風輕制淆俗何謂正服有司存矣異言者非聖誣賢唐論擯議張世惑聞好惡任私焉不得而禁何謂法言非禮勿言怨當如求仁而得仁又何怨之怨讀過惡舊音去聲今讀如字凡孝經幅隕无不彦交干脞子上未嘗與塞外之事劖上面映亡白過之文來萬無斯去声之理熟讀書者果知吾說之不妄夫縣官有魏闕之令而禁非道之行盡矣然猶或踰

東厦之牆摟其處子或曰攘其隣鷄奪掠放羊或殺越人于貨禦國門之外或酩酊湎酗于五木于章臺沒其生產延爲國討不可道故刑罰之匡鈇鉞之用朝遝夕相比如魚鱗而扰不已無孝化焉也是以四十服官政俟不惑也而後爲大夫者必莫非行上莫非行太夫則下必有甚于此之士而危言危行滿朝溢野會當昏君御宇言出于口知禍罹于身未嘗知而不言或諷諫或面折斷滕一屈斯議一頒雖富貴須唾手而立摭不爲不可爲縱忤旨入黨籍觸當路得狂名取調於遠竄被罰

於㷀譎不黠而容一且得明主之遭遇則端妄廟堂而海波不揚剛亦不吐柔亦不茹徼塞肅然異族不敢牧畜於邊頭者或仕隱側陋声摇宇內名不聞權門貴戚蒼生翕然以其出處卜盛衰者豈尽上智也矣乎以上好孝化焉下好學被化焉將非道不行者營壘之功可廢耶子曰言顧行行顧言故言之必可行之行之必可言之夫不爲丈夫則已矣苟爲大夫當磊々落々若水鏡不知則必以爲不知不克則必以爲不克銖釐不僞飾不爾碌々兒文輩固不入倫然行僞而堅言僞而辯學

非而慱順非而澤疑衆惑世声譽被仰一世者勤則公然大言自欺云經濟云仁義云忠孝云誠意不知自省身克行忠孝心克體仁義器能任經濟果能真實无妄也矣哉恐言行不啻雲泥懸隔傳所謂人之見己若其肺肝假令陰悪人得不知之堪輿猶不易位日鑒在茲司命敢不怠厥職又可畏之甚也如彼自暴自棄不知畏之意嫌舌決而不思道所以脩已非其位而議其政悍然攘臂曰令我理邦慶云云反唇睥睨礼法士曰豪俊必汚跡謊世匿々脩身何足屑矣孝廢名教事申韓相

延成風隋者輕薄少年子猾者亡賴博酒徒儇天下之人側目云必苦勿讀書讀昔人放蕩無撿踰不讀書者如不尓亦不顧道所以経綸六合安百姓曰靜坐曰頓悟狡者甘舐禪衲之餘唾而飾巳說拙者恰似守株田舍翁而不知先天下憂天下看武備則曰權謀看文章則曰雕蟲看國處不嘗路人其佗藻辞以爲事修辞以爲李不索行諸身區々章句之鑿之穿我克讀古昔或曰六經總屬残缺秦火之餘燼難是正甲亦僞書乙亦僞書幾令聖人所以困心之物束庋諸高閣若彼圀證張

大私說力排古人建新奇辜顏无辱斑々不遑計
假令彼善於此叢脞書生之夸在焉亦可也謂諸
國廈一長物我恐無其遁辞止于長物猶可也我
恐曼延相扇爲国蠹亦未可知甘哉孟子曰能言
而距楊墨者聖人之徒也今也公然曰経濟曰仁
義試使斯等一日擧加三事際不青苗水利安石
爲模稜依違味道無幾乎世俟朱門侍錦茵接妃
嬪褻御之間而賦詩屬文則可克一旦有金鼓錚
錚兵革相鳴宄賊發狂越寇侵邊懷経握筆而不
相泣者希矣不亦豎儒幾敗而公事者在焉哉言

毛詩小序烝民尹吉甫美宣王也任賢使能周室中興

詩疏仲山甫是樊國之君爵為侯字仲山甫也周語稱樊仲山甫諫宣王是

周宣王名靜厲王之子在位四十六年衰周復興天下翕然尹吉甫作詩美之

傳柔嘉以下詩中之辭

妄欲刻欲宜卯厥心曲

詩曰夙夜匪解以事一人 解佳賣反

傳 詩大雅烝民美仲山甫之章也仲山甫為周宣王之卿大夫以事天子得其道故取成誼焉言其柔嘉維則令儀令色小心翼翼古訓是式威儀是力既明且哲以保其身皆與此誼同也

御註 夙早也懈惰也義取為卿大夫能早夜不惰敬事其君也

疏 夫子既述卿大夫行孝終畢乃引大雅烝民之詩以結之言卿大夫當早起夜寐以事天子不得懈惰匪猶不也

士章第五

疏 次卿大夫者即士也案說文曰數始於一終於十孔子曰推一合十為士毛詩傳曰士者事也白虎通曰士者事也任事之稱也故禮辯名記曰士者任事之稱也傳曰通古今辯然不然謂之士

弟大計反今文作敬

子曰資於事父以事母其愛同資於事父以事君其敬同故母取其愛而君取其敬兼之者父也故以孝事君則忠以弟事長則順忠順不失以事其上然後能保其爵祿而守其祭祀蓋士之孝也子曰今文無天爵祿今文作祿位

傳資取也取事父之道以事母其愛同也言愛父與母同敬君與父同也母至親而不尊君至尊而不親唯父兼尊親之誼焉夫至親者則敬不至至尊者則愛不至人常情也是故為人父者不明父子之誼以教其子則子不知為子之道以事其父為人君者不明君臣之誼以正其臣則臣不知為臣之理以事其主君臣以誼固上下以序和聚燕以愛輯則主有令而民行之上有禁而民不犯也孝者子婦之高行也忠者臣下之高行也父母教而得理則子婦孝子婦孝則親之所安也能盡孝以順親則當於親當於親則美名彰人君寬而不虐則臣下忠臣下忠則君之所用也能盡忠以[illegible]

疏祭際也人神接故曰際也祀似也謂祀者似將見先人也

礼記疏爵者盡也熊氏云爵盡其才而用之

白虎通祿者錄也上收錄接下下以名錄謹以事上

上則當於君當於君則爵祿至是故執人臣之節以事親其孝可知也操事君之道以事君其忠必矣弟者善事兄之謂也順生於弟故觀其所以事兄則知其所以事長也上謂君長也此撮凡舉要申解爲士之誼所以能保其爵祿而守其祭祀者則以其不失忠順於君長故也

御註 資取也言愛父與母同敬父與君同言事父兼愛與敬也移事父孝以事於君則爲忠矣移事兄敬以事於長則爲順矣能盡忠順以事君長則常安祿位永守祭祀

疏 夫子述卿大夫行孝之事終次明士之行孝也言士始升公朝離親入仕故此敘事父之愛敬宜均事母與事君以明割恩從義也資者取也取於事父之行以事母則愛父與愛母同取於事父之行以事君則敬父與敬君同母之於子先取其愛君之於臣先取其敬皆不奪其性也若兼取愛敬者其惟父乎既說愛敬取捨之理遂明出身入仕之行故者連上之辭也謂以事父之孝移事其君則爲忠矣以事兄之敬移事於長則爲順矣長謂公卿大夫言其位長於士也又言事上之道在於

事下毋上脫父字

忠順二者皆能不失則可事上矣上謂君與長也言以忠順事上然後乃能保其祿秩官位而長守先祖之祭祀蓋士之孝也援神契云士行孝曰究以明審爲義當順能明審資親事之道是能榮親也白虎通云天子之士獨稱元士蓋士賤不得體君之尊故加元以別於諸侯之士也此直言士則諸侯之士前言大夫是戒天子之大夫諸侯之大夫可知也此章戒諸侯之士則天子之士亦可知也

乙 復在古語与夫子語亡論事毋不異於事君然於父敬而愛之於毋愛而敬之凱風不怨雖小過頼之由亦以毋也歟小弁怨雖大過背誼信可然得无非以父乎何則父行一酷惡而宗廟長不血食統嗣一且而爲鳥有事雖社稷故下氣怡聲

声以幾諫諫而不聞起敬起孝說則復諫不說与
其得罪於鄉黨州閭寧孰諫怒不說而撻之流血
不敢疾怨起孝起敬三諫之後泣而要時從色革
乃復諫事逮大不義或時爭何害矣但孳々克諧
烝々又不格姦故曰父有爭子則身不陷於不誼
故當不誼則子不可以不爭於父臣不可以不爭
於君當不誼則爭之從父之命又安爲孝夫我誠
我惆鬼神猶通木石能感雖頑嚚匪人有靦面目
豈得不動不能令父母向善真實從已不至而已
其於毋非不諫之但在處之術而甚至惡性亦不

許與外事不用其亂命事之盡我愛誠耳其機在
我何怨之爲矣事君也雖資敬於父均父子呂親
合哉人以爲諂我必盡其禮折其欲禦其非一過
則一諫二過則二諫勿欺而數侵不听乃飄然白
駒不縶若屬肺腑之末裔阿衡之權天下之任在
一身則社稷爲重易之稱權順時无賢不肖无小
大具瞻爲可也今也動則曰禮曰儀伺侯公卿之
門欵趄執政之庭日不暇給足恭便佞唯恐不容
嗚呼人生似薤上露朝不謀夕身非金石質於草
木且猶難爭榮何不足而汲汲乎風塵中噫其朱

得之也患得之既得之患失之故君言一出于唇
不省誼与不誼唯恐不給竟使人主曰予無樂乎
爲君唯其言而莫予違也謂此之國屢蠱邦君
沈痼物各以類推爾々唯以此心加于彼耳故孝
所以事君弟所以事長非有意保爵祿足自保爵
祿之道也僅有意保之言不聽職不得不克引去
立本朝而道不行依違黙々巧容跡於廷者甚者
佞媚賄賂何處不用或奇衺逢惡或脅肩殉欲自
肇權專寵鱖嫉心嫉賢妬能自知其非不克止已
事掊正士漸革先王之政刑蔫艷媛乃誘縣官荒

政之端貢奇觀發陛下逸樂之志稅歛之重而外盈上意治童之紐而内援我勢末知益上却損國縱肆威於當時董史下筆千載之臭名雖孝子慈孫何術得雌黃弊竇區功擧親用黨掠勲贓於下而賄於上爲沐猴之舞拭髭鬚之塵利人死許人遏時誇人曰我保母姪也我貴人弟也我御郎昆也我内官誼子也我爲葛藟宮巷我交膝於執政大夫非自搆竊爵之謀耳限直牙獪祿位舍秦德駭駝之怨不報之恐矣爲大丈夫者不能雄飛自奮何受爵祿於兒女子之口誤哉恥惡衣惡食不

何恥不恥斯可恥之甚銓衡一如意令英雄悶屈野蒼生號叫于下賄賂與盜賊白日公行主聽惟婁婦言惟用所疾者擯垢探創所好者掩瘢生羽毛酷吏猾椽以爲已佐非其器而居其職無閥閱而飽佐倖至愚上僥倖已之奸軌不顯愚下庶幾无賢已者故戒其黨不使人主讀書親儒長保富貴亦以坑儒燒書夭道不足畏先王不足則唐虞之代當用堯舜之法当王王之世宜用今上之制三尺出于人主何庸之有矣古書不協于今儒生不曉世務老成不通人情嗤嗤小人見以爲學者

無益物矣在位不好焉流風相延聿筭尊於語孟
毛竹之枝勝讀詩書驅天下有用英才沒身甘詘
刀筆之吏爲史籀隸首之奴不可勝惜乎哉勉塞
言路利主居深宮而不聞政尚恐其壅傳于後世
故禁野史錮偶語与議政而居不知慊覘非望
謀獄逆身首異處或陰惡久積逼迫將遁身膽失
常大抵以爵祿不知天物爲己有貪執保焉却併
三族失之後爲史者編諸叛逆奸黨佞幸傳中以
相命下之日天下愕然矣竊覸其間居午不握書
臱飽饑口飽旨終日酩酊目不知乙肌纏錦繡殘

抏掐扰不足肉屏斯嘗所令使侍燕者非妓妾則侏儒淫声蕩亂杜氏汩腸酗猖驕泰以國屡不毫置念頭居曦冰之危比安泰山富貴可永保一且馬嵬驛頭事起不虞求爲一匹夫可得乎

詩小序小宛大夫剌宣王也鄭箋亦當爲剌厲王

詩曰。夙興夜寐。無忝爾所生。亡音無

傳 詩小雅小宛之章也言日月流邁歲不我與當夙起夜寐進德脩業以無忝辱其父母也能揚名顯父母保位守祭祀非以孝弟莫由至焉也

御註 忝辱也所生謂父母也義取早起夜寐無辱其親也

疏 夫子述士行孝畢乃引小雅小宛之詩以證之也言士行孝當早起夜寐無辱其父母也

庶人章第六

疏 庶者衆也謂天下衆人也皇侃云不言衆民者兼包府史之

槁国語作藁韋昭註古者反通作藳枯也
脊語註槍椿也刈鎌

屬通謂之庶人也嚴植之以爲士有員位人無限極故士以下皆爲庶人

子曰因天之時就地之利謹身節用以養父母此庶人之孝也今文因作用時作道就作分子曰无○養羊尚反

傳天時謂春生夏長秋收冬藏也地利謂原隰水陸各有所宜也庶人之業稼穡爲務審因四時就於地宜除田擊槁深耕疾耰時雨既至播殖百穀挾其槍刈脩其蠭耨脫衣就功暴其髮膚且暮從事露體塗足少而習焉其心休焉是故其父兄之敎不肅而成其子弟之學不勞而能也謹身者不敢犯非也節用者約而不奢也不爲非則無患不爲奢則用足身無患悔而財用給足以恭事其親此庶人之所以爲孝也

御註春生夏長秋斂冬藏舉事順時此用天道也分別五土視其高下各盡所宜此分地利也身恭謹則遠恥辱用節省則免饑寒公賦既充則私養不闕庶人爲孝唯此而已

疏夫子上述士之行孝已畢次明庶人之行孝也

言庶人服田力穡當須用天之四時生成之道也分地五土所宜之利謹慎其身節省其用以供養其父母此則庶人之孝也援神契云庶人行孝曰畜以畜養爲義言能躬耕力農以畜其德而養其親也

乙 將謹身當擇交遊交遊非人則我欲正巧言如簧必誘入邪中我欲勉孝逸樂似飴昧我呂吾所好引陥其套假令我在展惠之清人必言某与某交某壬軏者某亦当狡猾秖子弟曰遠某因[illegible]好惡不與我恐隣危吠虛坐逐有名君子不免逸居三罪之責矧少年猶練未有漬藍而不青涅之而不緇者自克功省不狎小人小人之交厚如醴攜

手拍肩纏頭乘背戲謔具至臨一朝難起而若越人於楚人却喜其栽災忽見其妻厄不啻絶交口惟哈喇忌人徒善交賢君子之交淡若水見其過面敢言聞其非諷規諫知則必吐心腸忠告而善道見人善聞人義若己有焉唯一箇入德者惟在矣一日在人窮乏則百萬一時遺與敢不德拳破財產救乏困見危乃致命有故絶交惡声不出口其善揄舉其才猶称在金蘭香火之交不其器不揚之親不狎樂不淫與妹同茵不拂禮逆理今古知不肖之遠吉士之親宴安鴆毒手艾性斧必反

之也面諛說我与謗直規我似藥毒甘苦嗜忌之各知是非而猶依舊不速見幾絶坐逮戮父母故擇其人而友焉擇其主而事焉不諂于威暴不接于無禮非其義也非其道也祿之曰天下弗觀也繫馬千駟弗視也非其義也非其道也一介不以與人一介不以取諸人出處必合道不戚々貧賤不汲々富貴乱邦不居危邦不入全性命於乱世不求聞達於諸侯高尚其事省奢侈器服適用而已不畜貯長物所餘与隣里鄉黨賑親戚昧蹤藏名事父母而内養心志外寬甘毳一舉足不忘父

毋一吐言不忘父母鷄鳴而起孳々爲善不爲悖
奕徒曰好勇鬭狠酗飲酒墮四支逍遥莉園而詛
刎頸於俳優徘徊章臺而紐契溷於妓鴇私妻子
而負鄉黨之誹悽東厦處子而受国人之賤爲父
母之戮起居應時飲食恊節必覲其養出告入面
豰朝省温凉从候不遠游不臨危惟敬不以犬馬
養然亦色難在事弟子服勞凶人偶辱我於市井
鄙夫数困我於會朝而不可敢忍父母惟懷所嗜
若口之於膾炙与熊蹯一係涉不誼不蹕父母惟
懷昆弟加我㠯匪善將斷焉父母惟懷體在不隊

述平齊同也上所陳之五孝天子至士皆說其有所分別此則說其有所齊同故曰孝平

則藥劑自嘗疾處親摩朝泣請命於鬼神夕常不解帶居處不安目不相瞑有不俟勉強而在爾者不孝之大者三无後爲諸巨擘矧男子在四方之事不當躬操井臼肆娶妻然孝者衰妻子及所好豈不謹乎若夫生事之盡志以禮死盡誠葬之以禮三年不改其道愼終追遠祭之以禮可也哉

孝平章第七 今文合前章爲一以三才章爲第七也

子曰故自天子以下至於庶人孝亡終始而患不及者未之有也 亡音無今文作無

傳 故者故上陳孝五章之誼也躬行孝道尊卑一揆人子之道所以爲常也必有終始然後乃善其

前漢書藝文志凡孝經十一家五十九篇孝經者孔子爲曾子陳孝道也夫孝天之經地之誼民之行也舉大者言故曰孝經

不能終始者必及患禍矣故爲君而惠爲父而慈爲臣而忠爲子而順此四者人之大節也大節在身雖有小過不爲不孝爲君而虐爲父而暴爲臣而不忠爲子而不順此四者人之大失也大失在身雖小善不得爲孝上章既品其爲孝之道此又總說其無終始之咎以勉人爲高行也

【御註】始自天子終於庶人尊卑雖殊孝道同致而患不能及者未之有也言無此理故曰未有

【疏】夫子述諸侯卿大夫士庶人行孝畢於此總結之則其五等尊卑雖殊至於奉親其道不別故從天子以下至於庶人其孝道則無終始貴賤之異也或在自患已身不能及於孝未之有也自古及今未有此理蓋是勉人行孝之辭也

【刊誤】此一節夫子曾子問答之言而曾氏門人之所記也疑所謂孝經者其本文止如此其下則或者雜引傳記以釋經文乃孝經之傳也竊嘗考之傳文固多傳會而經文亦不免有離折增加之失觀自漢以來諸儒傳誦莫覺其非至或以爲孔子之所自著則又可笑之尤者蓋經之首統論孝之

緯孔子七十二歳詔曾子著孝經因著作既作乃齋戒向北斗告備忽有赤虹自天而下化爲黄玉刻文先聖跪而受之

終始中乃敷陳天子諸侯卿大夫士庶人之孝而其末結之曰故自天子以下至於庶人孝無終始而患不及者未之有也其首尾相應次第相承文勢連屬脈絡通貫同是一時之言無可疑者而後人妄分以爲六七章又增子曰及引詩書之文以雜乎其間使其文意分斷間隔而讀者不復得見聖言全體大義爲害不細故今定此六七章者合爲一章而刪去子曰者二引書者一引詩者四凡六十一字以復經文之舊其傳文之失又別論之如左方

孝經乙集覽卷之上畢

二儀 易大極生兩儀

孝經集覽卷之下

漢 孔安國 傳

唐 玄宗皇帝 御註

宋 邢昺 疏

朱熹 刊誤

日本 山本信有 輯

三才章第七

疏 天地謂之二儀兼人謂之三才曾子見夫子陳說五等之孝既畢乃發歎曰甚哉孝之大也夫子因其歎美乃爲說天經地義人行之事可教化於人故以名章次五孝之後

曾子曰甚哉孝之大也子曰夫孝天之經也地之誼

懲畏咎也

也民之行也天地之經而民是則之則天之明因地之利以訓天下是以其教不肅而成其政不嚴而治

夫音扶行下孟反治直吏反

傳曾子聞孝爲德本而化所由生自天子達庶人焉行者遇福不用者蒙患然乃知孝之爲甚大也經常也誼宜也行所由也亦皆謂常也夫天有常節地有常宜人有常行一設而不變此謂三常也孝其本也兼而統之則人君之道也分而殊之則人臣之事也君失其道無以有其國臣失其道無以有其位故上之畜下不妄下之事上不虛孝之致也是是此誼也則法也治安百姓人君之則也訓護家事父母之則也諫爭死節臣下之則也盡力善養子婦之則也人君不易其則故百姓說焉父母不易其則故家事脩焉臣下不易其則故主無憂焉子婦不易其則故親養具焉斯皆法天地之常道也是故用則者安不用則者危也夫覆而無外者天也其德無不在焉載而無棄者地也其

仙真衍派泰豆氏黄帝時邑夷後裔精御隱太行之頂造父始從之習御執礼甚卑泰豆三年不告造父執礼愈謹泰豆告之曰汝先視吾趨趨如我然後六轡可持六馬可御乃立木爲塗僅可容足趨走往還無有跌失造父學之三日盡其巧泰豆曰子何敏也遂與講明諸法

家語造父巧於使馬不窮馬力

物莫不殖焉是以聖人法之以覆載萬民萬民得職而莫不樂用故天地不爲一物枉其時日月不爲一物晦其明明王不爲一人枉其法法天合德象地無缺取日月之無私則兆民賴其福也以其脩則且有因也登山而呼音達五十里因高之響也造父執御千里不疲因馬之勢也聖人因天地以設法循民心以立化故不加威肅而教自成不加嚴刑而政自治也

御註參聞行孝無限高卑始知孝之爲大也經常也利物爲義孝百行之首人之常德若三辰運天而有常五土分地而爲義也天有常明地有常利言人法則天地亦以孝爲常行也法天明以爲常因地利以行義順此以施政

教則不待嚴肅而成理也

疏夫子述上從天子下至庶人五等之孝後總以結之語勢將畢欲以更明孝道之大無以發端特假曾子歎孝之大更以彌大之義告之也曰夫孝天之經地之義民之行經常也人生天地之間稟天地之氣節人之所法是天地之常義也聖人司牧黔庶故須則天之常明因依地之義利以順行

完備泰 通貫人

左氏傳昭公二十五年子大叔見趙簡子簡子問揖讓周旋之礼焉対曰是儀也非礼也簡子曰敢問何謂礼対曰吉也聞諸先大夫子産曰夫礼天之經也地之義也民之行也云云

於天下是以爲教也不待肅戒而成也其爲政也不假威嚴而自理也

刊誤此以下皆傳文而此一節蓋釋以順天下之意當爲傳之三章而今失其次矣但自其章首以至因地之義皆是春秋左氏傳所載子太叔爲趙簡子道子產之言唯易禮字爲孝字而文勢反不若彼之完備明此襲彼非彼取此無疑也

先王見教之可以化民也是故先之以博愛而民莫遺其親陳之以德誼而民興行先之以敬讓而民不爭道之以禮樂而民和睦示之以好惡而民知禁 道今文作導 道音導好呼報反惡烏路反

傳識見教化終始之歸故設之焉博愛汎愛衆也先垂博愛之教以示親親也故民化之而無有遺忘其親者也陳布也布德誼以化天下故民起而行德誼也上爲敬則下不慢上好讓則下不爭上

之化下猶風之靡草故每輒以己率先之也禮以強教之樂以說安之君有父母之恩民有子弟之敬於是乎道之斯行綏之斯來動之斯和感之斯睦也好謂賞也惡謂罰也賞罰明而不可欺法禁行而不可犯分職察而不可亂人君所以令行而禁止也令行禁止者必先令於民之所好而禁於民之所惡然後詳其鈇鉞慎其祿賞焉有不聽而可以得存者是號令不足以使下也有犯禁而可以得免者是鈇鉞不足以威衆也有無功而可以得富者是祿賞不足以勸民也號令不足以使下鈇鉞不足以威衆祿賞不足以勸民則人君無以自守之也

御註 見因天地教化人之易也君愛其親則人化之無有遺其親者陳說德義之美為衆所慕則人起心而行之君行敬讓則人化而不爭禮以檢其跡樂以正其心則和睦矣示好以引之示惡以止之則人知有禁令不敢犯也

疏 言先王見因天地之常不肅不嚴之政教可以率先化下人也故須身行博愛之道以率先之則

詩朱傳此詩家父所作刺王用尹氏以致亂
公羊傳其稱尹氏

人漸其風教無有遺其親者於是陳說德義之美以順教誨人則人起心而行之也先王又以身行敬讓之道以率先之則人漸其德而不爭競也又導之以禮樂之教正其心迹則人被其教自和睦也又示之以好者必愛之惡者必討之則人見之而知國有禁也

刊誤 又與上文不相屬故溫公改教爲孝乃得粗通而下文所謂德義敬讓禮樂好惡者卻不相應疑亦裂取他書之成文而强加裝綴以爲孔子曾子之問答但未見其所出耳然其前段文雖非是而理猶可通存之無害至於後段則文既可疑而謂聖人見孝可以化民而後以身先之於理又已悖矣況先之以博愛亦非立愛惟親之序若之何而能使民不遺其親耶其所引詩亦不親切今定先王見教以下凡六十九字並刪去

詩云赫赫師尹民具爾瞻赫火百反

傳 詩小雅節南山之章也赫赫顯盛也師大師尹氏周之三公也具皆也爾女也言居顯盛之位衆民皆

何讞世卿
朱子曰大師三公
尹氏蓋吉甫之後
春秋書尹氏卒
三公大師大傅大
保

呉氏註小国之臣
謂子男卿大夫子
男五十里爲小国
伯七十里爲次国
公侯百里爲大国

瞻仰之所行不可以違天地之経也善惡則民從故有位者愼焉

御註 赫赫明盛貌也尹氏爲大師周之三公也義取大臣助君行化人皆瞻之也

疏 夫子既述先王以身率下先及大臣助君行化之義畢乃引小雅節南山詩以證成之赫赫明盛之貌也是太師尹氏也言助君行化爲人模範故人皆瞻之

孝治章第九

疏 夫子述此明王以孝治天下也前章明先王因天地順人情以爲敎此章言明王由孝而治故以名章次三才之後也○今文八章

子曰昔者明王之以孝治天下也不敢遺小國之臣而況於公侯伯子男乎故得萬國之歡心以事其先王 歡今文作懽

傳 所謂明者照臨羣下必得其情也故下得道上賤得道貴卑者不待尊寵而尤大臣不因左右而進百

官脩道各奉其職有罰者主充其罪有賞者主知其功充知不悖賞罰不差有不蔽道故曰明所謂孝者至德要道也治亦訓也若乃莅官不忠非孝也不愛萬物非孝也接下不惠非孝也事上不敬非孝也小國之臣臣之卑者也公侯伯子男凡五等皆國君之尊爵也卑猶不敢遺忘尊者見敬可知也萬國者舉盈數也明王崇愛敬以接下則下竭歡心而應之是故損上益下民說無疆自上下下其道大光事之者謂四時享祀駿奔走在廟也

[御註]言先代聖明之王以至德要道化人是爲孝理小國之臣至卑者耳王尚接之以禮況於五等諸侯是廣敬也萬國舉其多也言行孝道以理天下皆得懽心則各以其職來助祭也

[疏]此章之首稱子曰者爲事訖更別起端首故也言昔者聖明之王能以孝道治於天下大教接物故不敢遺小國之臣而況于五等之君乎言必禮敬之明王能如此故得萬國之懽心謂各脩其德盡其懽心而來助祭以事其先王經先王有六焉一曰先王有至德二曰非先王之法服三曰非先

王之法言四曰非先王之德行五曰先王見教之此皆指先代行孝之王此章云以事其先王則指行孝王之考祖

大戴礼六十无妻曰鰥五十无夫曰寡

治國者不敢侮於鰥寡而況於士民乎故得百姓之歡心以事其先君

傳　鰥寡之人人尤疲弱者猶且不侮慢之況於士民乎説天子言先王道諸侯言先君皆明其祖考也凡民愛之則親利之則至是以明君之政設利以致之明愛以親之若徒利而不愛則衆不親徒愛而不利則衆不至愛利俱行衆乃説也

御註　理國謂諸侯也鰥寡國之微者君尚不敢輕侮況知禮義之士乎諸侯能行孝理得所統之懽心則皆恭事助其祭享也

疏　此說諸侯之孝治也言諸侯以孝道治其國者尚不敢輕侮於鰥夫寡婦而況於知禮義之士民

詩經大全顔氏曰采官也因官食地故曰采地

周礼人神曰鬼

子亦言必不輕侮也以此故得其國內百姓懽悅以事其先君也

治家者不敢失於臣妾之心而況於妻子乎故得人之歡心以事其親

【注】卿大夫稱家臣之與妾賤人也妻之與子貴者也接賤不失禮則其敬貴必矣人謂采邑之人也愛利不失得其歡心所以供事其親不言先者大夫以賢舉包父祖之見在也

【御註】理家謂卿大夫臣妾家之賤者妻子家之貴者卿大夫位以材進受祿養親若能孝理其家則得小大之懽心助其奉養

【疏】説卿大夫之孝治也言以孝道理治其家者不敢失於其家臣妾賤者而況于妻子之貴者乎言必不失也故得其家之懽心以承事其親也

夫然故生則親安之祭則鬼享之是以天下和平災

妖謂卉木孽謂禽獸借怪也

害不生禍亂不作故明王之以孝治天下也如此夫音扶

傳 夫然猶言如是生盡孝養故親安之祭致齊敬故鬼饗之謂其祖考也上下行孝愛敬交通天下和平人和神説故妖孽不生禍亂不起也如此福應也行善則休徵報之行惡則咎徵隨之皆行之致也此有諸侯及卿大夫之事而主於明王者下之能孝化於上也

御註 夫然者上孝理皆得懽心則存安其榮沒享其祭上敬下懽存安沒享人用和睦以致太平則災害禍亂無因而起言明王以孝爲理則諸侯以下化而行之故致如此福應

疏 此總結天子諸侯卿大夫之治孝也言明王孝治其下則諸侯以下各順其教皆治其國家也如此各得懽心親若存則安其孝養沒則享其祭祀故得和氣降生感動昭昧是以普天之下和睦太平災害之萌不生禍亂之端不起此謂明王之以孝治天下也能致如此之美

楚語左史倚相曰昔衛武公年數九十五作懿戒以自儆韋昭註懿讀爲抑

詩云有覺德行四國順之 行下孟反

傳詩大雅抑之章也覺直也言先王行正直之德則四方之衆國皆順從法則之也

御註覺大也義取天子有大德行則四方之國順而行之

疏夫子述昔時明王孝治之義畢乃引大雅抑篇贊美之也言天子身有至大德行使四方之國皆順而行之

刋語此一節釋民用和睦上下無怨之意爲傳之四章其言雖善而亦非經文之正意蓋經以孝而和此以和而孝也引詩亦無甚失且其下文語已更端無所隔礙故今且得仍舊耳

聖治章第十

疏言曾子聞明王孝治以致和平因問聖人之德更有大於孝否夫子因問而説聖人之治故以名章次孝治之後○今文九章

曾子曰敢問聖人之德亡以加於孝乎子曰天地之

周公名旦文王之子母大姒食采於周襃謚文公

性人爲貴人之行莫大於孝孝莫大於嚴父嚴父莫大於配天則周公其人也亡音無行下孟反

傳 曾子聞明王以孝道化天下加上章之詳故知聖人建德無以尚於孝矣性生也言凡生天地之間含氣之類人最其貴者也正君臣上下之誼篤父子兄弟夫妻之道辨男女內外疏數之節章明福慶示以廉恥所以爲貴也孝者德之本教之所由生也故人之行莫大於孝焉嚴尊也言爲孝之道無大於尊嚴其父以配祭天帝者周公親行此莫大之誼故曰則其人也

御註 參問明王孝理以致和平又問聖人德教更有大於孝不貴其異於萬物也孝者德之本也萬物資始於乾人倫資父爲天故孝行之大莫過尊嚴其父也謂父爲天雖無貴賤然以父配天之禮始自周公故曰其人也

疏 夫子前說孝治天下能致災害不生禍亂不作是言德行之大也將言聖德之廣不過於孝無以

史記武王崩周公相成王而使其子伯禽代就封於魯戒之曰我文王之子武王之弟成王之叔父我於天下亦不賤矣

說文距国百里為遠郊

尔疋邑外曰郊

左氏傳啓蟄而郊注祀天南郊

史記周后稷名弃其母有邰氏女曰姜原〻〻為帝嚳元妃姜原出野見巨人跡心欣然說欲踐之〻〻而身

發端故又假曾子之問曰聖人之德更有加於孝乎乎猶否也夫子承問而釋之曰天地之性人爲貴性生也言天地之所生唯人最貴也人之所行者莫有大於孝行也孝行之大者莫有大於尊嚴其父也嚴父之大者莫有大於以父配天而祭也言以父配天而祭之者則文王之子成王叔父周公是其

人也

昔者周公郊祀后稷以配天宗祀文王於明堂以配上帝是以四海之内各以其職來助祭夫聖人之德

又何以加於孝乎

傳 凡禘郊祖宗皆祭祀之別名也天子祭天周公攝政制之祀典也於祭天之時后稷佑坐而配食之也上言郊祀此言宗祀取名雖殊其誼一也明堂禮誼之堂即周公相成王所以朝諸侯者也上帝亦天也文王於明堂后稷於圜丘也人主以孝道化民則民一心而奉其上萬姓之事固非用咸

動也孕者居期而生子以爲不祥棄之隘巷馬牛過者皆辟不踐棄渠中冰上飛鳥以其翼覆薦之以爲神遂收養長之

大義后稷名棄舜命爲稷使教民播種百穀始封於邰爲諸侯爲周始祖

文王大王之孫王季之子武王之父名昌爲殷西伯武王即位謚文王

孟子明堂王者之堂也

通鑑注明堂夏曰世室商曰重屋周曰明堂後世皆因

列以忠愛也周公秉人君之權操必化之道以治必用之民處人主之勢以御必服之臣是以教行而下順海內公侯奉其職貢咸來助祭聖孝之極也復何以加之孝乎

御註 后稷周之始祖也郊謂圜丘祀天也周公攝政因行郊天之祭乃尊始祖以配之也明堂天子布政之宮也周公因祀五方上帝於明堂乃尊文王以配之也君行嚴配之禮則德教刑於四海海內諸侯各修其職來助祭也言無大於孝者

疏 前陳周公以父配天因言配天之事自昔武王既崩成王年幼即位周公攝政因行郊天祭禮乃以始祖后稷配天而祀之因祀五方上帝於明堂之時乃尊其父文王以配而享之尊父祖以配天崇孝享以致敬是以四海之內有土之君各以其職貢來助祭也既明聖治之義乃總其意而答之也周公聖人首爲尊父配天之禮以極於孝敬之心則夫聖人之德又何以加於孝乎是言無以加也

是故親生毓之以養父母日嚴聖人因嚴以教敬因親以教愛聖人之教不肅而成其政不嚴而治其所因者本也毓古育字養羊尚反日人質反治直吏反今文無是字毓之作之膝下

傳 育之者父母也故其敬父母之心生於育之恩是以愛養其父母而致尊嚴焉言其不失於人情也其因有尊嚴父母之心而教以愛敬所以愛敬之道成因本有自然之心也凡聖人設教皆緣人之本性而道達之也故不加威肅而教成不加嚴刑而政治以其皆因人之本性故也

御注 親猶愛也膝下謂孩幼之時也言親愛之心生於孩幼比及年長漸識義方則日加尊嚴能致敬於父母也聖人因其親嚴之心敦以愛敬之教故出以就傅趨而過庭以教敬也抑搔癢痛懸衾篋枕以教愛也聖人順羣心以行愛敬制禮則以施政教亦不待嚴肅而成理也本謂孝也

疏 此更廣陳嚴父之由言人倫正性必在蒙幼之年教之則明不教則昧言親愛之心生在其孩幼

之明堂所以明諸侯之尊卑制禮作樂頒度量而天下服也
考工記明堂度九尺之筵東西九筵南北七筵堂崇一筵五室凡室二筵
鄭玄曰明堂者明政教之堂周度以筵亦王者相改周高九尺殷三尺則夏一尺矣相參之數也
晏氏春秋明堂之制下之溫濕不能及也上之寒暑不能入也木工不鏤示民知節也明堂者上圓下方八窻四達布政之宮在國之

之陽

蔡邕集明堂者天子大廟所以宗祀其祖以配上帝也尚書琉王天上帝天也馬云上帝太一神在紫微宮天之最尊者伊川易傳天以形體言上帝以主宰言家語孔子曰天有五行金木水火土分時化育以成萬物其神謂之五帝王肅云五行之神助天理物者也但徠物氏云古聖人与天地同功德後世祀之合于天

膝下之時於是父母則教示比及年長漸識義方則日加尊嚴能致敬於父母故云以養父母日嚴也是以聖人因其日嚴而教之以敬因其知親而教之以愛故聖人因之以施政教不待嚴肅自然成治也然其所因者在於孝也言本皆因於孝道也

刊誤此一節釋孝德之本之意傳之五章也但嚴父配天本因論武王周公之事而贊美其孝之詞非謂凡爲孝者皆欲如此也又況孝之所以爲大者本自有親切處而非此之謂乎若必如此而後爲孝則是使爲人臣子者皆有今將之心而反陷於大不孝矣作傳者但見其論孝之大即以附此而不知其非所以爲天下之通訓讀者詳之不以文害意焉可也其曰故親生之膝下以下意却親切但與上文不屬而下章相近故今文連下二章爲一章但下章之首語已更端意亦重復不當通爲一章此語當依古文且附上章或自別爲一章可也

父母生續章第十一

今文此章合前章爲一

名曰帝所謂祀其始祖配諸所自出之帝即五帝也即上帝也五帝者一大皞炎帝黃帝少皞顓頊漢儒說五帝謂東方青帝靈威仰南方赤帝赤熛怒西方白帝白招拒北方黑帝汁光紀中央黃帝含樞紐

疏旧說明堂在国之南去王城七里南郊五十里

公羊傳禘者何也合祭也其合祭奈何毀廟之主陳乎大祖未毀廟之主皆升合食於大祖

知新日錄尔疋禘大祭也大傳礼不

子曰父子之道天性也君臣之誼也父母生之續莫大焉君親臨之厚莫重焉今文無子曰二字續作績

傳言父慈而敎子愛而箴愛敬之情出於中心乃其天性非因篤也親愛相加則爲父子之恩尊嚴之則有君臣之誼焉此又所以爲兼之事也績功也父母之生子撫之育之顧之復之攻苦之功莫大焉者也有君親之愛臨長其子恩情之厚莫重焉者也凡上之所施於下者厚則下之報上亦厚厚薄之報各從其所施薄施而厚饋雖君不能得之於臣雖父不能得之於子民之從於厚猶飢之求食寒之欲衣厚則歸之薄則去之有由然也

御註父子之道天性之常加以尊嚴又有君臣之義父母生子傳體相續人倫之道莫大於斯謂父爲君以臨於已恩義之厚莫重於斯

疏此言父子恩親之情是天生自然之道父以尊嚴臨子子以親愛事父尊卑既陳貴賤斯位則子

主不禘
正謂天一而已故
以所在祭在郊則
謂爲圜丘言於郊
爲壇以象圜天
周礼侯服貢祀物
註犧牲之屬甸服
貢嬪物注絲帛也
男服貢器物注尊
彝之屬也采服貢
服注玄纁絺纊也
衛服貢材物注八材
也要服貢貨物注
龜貝也

之事父如臣之事君易稱乾元資始坤元資生又論語曰子生三年然後免於父母之懷是父母生已傳體相續此爲大焉言有父之尊同君之敬恩義之厚此最爲重也

孝優劣章第十二

今文是章亦與前連同在聖治章中

子曰不愛其親而愛他人者謂之悖德不敬其親而敬他人者謂之悖禮以訓則昏民亡則焉不宅於善而皆在於凶德雖得志君子弗從也 今文子曰作故訓作順昏作逆亡作無宅作在志作之從作貴悖補對反亡音無

傳 盡愛敬之道以事其親然後施之於人孝之本也違是道則悖亂德禮也夫德禮不易辭人不懷德禮之悖人莫之歸故以訓民則昏亂昏亂之教則民無所取法也宅居也孝弟敬順爲善德昏亂無法爲凶德不愛其親非孝弟也不敬其親非敬順也故曰不居於善皆在於凶德也得志謂居位

北監孝經悖禮作非禮

行德也不諠而富貴於我如浮雲無潤澤於萬物故君子弗從以言邦無善政不脉食其祿也

【御註】言盡愛敬之道然後施敎於人違此則於德禮爲悖也行敎以順人心今自逆之則下無所法則也善謂身行愛敬也凶謂悖其德禮也言悖其德禮雖得志於人上君子之不貴也

【疏】此說愛敬之失悖於德禮之事也所謂不愛其親者是君上不能身行愛敬也而愛他人敬他人者是敎天下行愛敬也君自不行愛敬而使天下人行是謂悖德悖禮也唯人君合行政敎以順天下人心今則自逆不行翻使天下之人法行於逆道故人無所法則斯乃不在於善而皆在於凶德在謂心之所在也凶謂凶害於德也如此之君雖得志於人上則古先哲王聖人君子之所不貴也

君子則不然言思可道行思可樂德義可尊作事可法容止可觀進退可度以臨其民是以其民畏而愛之

則而象之故能成其德教而行其政令行下孟反樂音洛

傳既不爲悖德悖禮之事又不爲苟求富貴也言則思忠行則思敬不虛言行也思可道之言然後乃言言必信也思可行之事然後乃行行必果也合乎先王之法言故可道合乎先王之德行故可行也立德行誼不違道正故可尊也制作事業動得物宜故可法也容止威儀也進退動靜也正其衣冠尊其瞻視俯仰曲折必合規矩則可觀矣詳其舉止審其動靜進退周旋不越禮法則可度矣度者其禮法也以者以君子言行德誼進退之事也整齊嚴栗則民畏之溫良寬厚則民愛之畏之則用愛之則親民親而用則君道成矣君有君之威儀則臣下則而象之故其在位可畏施舍可愛進退可度周旋可則容止可觀作事可法德誼可象聲氣可樂動作有文言語有章以臨其民謂之有威儀也上正身以率下下順上而不違故德教成而政令行也教成政行君能有其國家令聞長世臣能守其官職保族供祀順是以下皆若是是以上下能相固也

朱傳詩人美君子之用心均平專一

御註 不悖德禮也。思可道而後言，人必信也。思可樂而後行，人必悅也。立德行義，不違道正，故可尊也。制作事業，動得物宜，故可法也。容止，威儀也。必合規矩，則可觀也。進退，動靜也。不越禮法，則可度也。君行六事，臨撫其人，則下畏其威，愛其德，皆放象於君也。上正身以率下，下順上而法之，則德教成，政令行也。

疏 前說爲君而爲悖德禮之事，此言聖人君子則不然也。君子者，須慎其言行動止舉措，思可道而後言，思可樂而後行，故德義可以尊崇，作業可以爲法，威容可以觀望，進退皆脩禮法。以此六事君臨其民，則人畏威而親愛之，法則而象效之，故德教以此而成，政令以此而行也。

詩云：淑人君子，其儀不忒。忒，他得反。

傳 國風曹詩尸鳩之章也。言善人君子之於威儀無差忒，所以明用上誼也。

御註 淑，善也。忒，差也。義取君子威儀不差，爲人法則。

左傳文十八年莒紀公生大子僕又生季佗愛季佗而黜僕且多行無禮於國僕因國人以弒紀公以其寶玉來奔納諸宣公公命與之邑曰今日必授季文子使司寇出諸竟曰今日必達公問其故季文子使大史克對曰云云夫僕則其孝敬則弒君父矣則其忠信則竊寶玉矣其人則盜賊也其器則姦兆也保而利之則主藏也以訓則昏民無則焉不度於善而皆在於凶德

疏 夫子述君子之德既畢乃引曹風鳲鳩之詩以贊美之言善人君子威儀不差失也

刊誤 此一節釋教之所由生之意傳之六章也古文析不愛其親以下別爲一章而各冠以子曰今文則合之而又通上章爲一章無此二子曰字而於不愛其親之上加故字今詳此章之首語實更端當以古文爲正不愛其親語意正與上文相續當以今文爲正至君臣之義之下則又當有脫簡焉今不能知其爲何字也悖禮以上皆格言但以順則逆以下則又雜取左傳所載季文子北宮文子之言與此上文既不相應而彼此得失又如前章所論子產之語今刪去凡九十字

紀孝行章第十三 疏 此章紀錄孝子事親之行也前章孝治天下所施政教不待嚴肅自然成理故君子皆由事親之心所以孝行有可紀也故以名章次聖人之後

或於孝行之下又加犯法兩字今不取也○今文十章

子曰孝子之事親也居則致其敬養則致其樂疾則

是以老之
左傳襄三十一年
衛侯在楚北宮文
子見令尹圍之威
儀言於衛侯令尹
亡威儀公曰何謂
威儀對曰有威而
可畏謂威儀而可
象謂之儀 文云 故君
子在位可畏 以下本
文

三礼闊斬衰斬者不
緝也斬衰裳者謂斬
三升苴麻之布以為
衰裳也凡衰外削幅
內削幅幅三袧其裳
前三幅後四幅每幅
辟積二

喪大記君之喪子
大夫公子衆士皆
三日不食子大夫
公子食粥士疏食

致其憂喪則致其哀祭則致其嚴五者備矣然後能事其親養羊尚反

傳 條說所以事親之誼也謂虔恭朝夕盡其歡愛和顏說色致養父母孝敬之節也父母有疾憂心慘悴卜禱嘗藥食從病者衣冠不解行不正履所謂致其憂也親既終沒思慕號咷斬衰歠粥卜兆祖葬所謂致其哀也既葬後反虞祔練祥之祭及四時吉祀盡其齊敬之心又竭其尊肅之敬所謂致其嚴也五者奉生之道三事死之道一備此五者之誼乃可謂能事其親也

御註 平居必盡其敬就養能致其懽色不滿容行不正履擗踊哭泣盡其哀情齊戒沐浴明發不寐五者闕一則未爲能

疏 致猶盡也言爲人子能事其親而稱孝者謂平常居處家之時也當須盡於恭敬若進飲食之時怡顏悅色致親之懽若親之有疾則冠者不櫛怒不至詈盡其憂謹之心若親喪亡則擗號毀瘠終

一本纂下在字

水斂
卜兆詳十下
士虞禮註鄭目錄云虞安也士既葬其父母迎精而反日中而祭之於殯宮以安之
檀弓葬日中而虞弗忍一日離也是日也以虞易奠卒哭曰成事是日也以吉祭易喪祭明日祔於祖父祔合祭也
雜記期之喪十一月而練十三月而祥十五月而禫練則弔名也練二衣禫祭
祭義春禘夏礿秋

其哀情也若卒哀之後當盡其祥練及春秋祭祀又當盡其嚴肅此五者無限貴賤有盡能備者是其能事親

事親者居上不驕爲下不亂在醜不爭居上而驕則亡爲下而亂則刑在醜而爭則兵此三者不除雖日用三牲之養繇爲不孝也 今文無此字繇作猶養羊尚反繇音由

傳 上上位也醜羣類也不驕善接下也不亂奉上命也不爭務和順也驕而無禮所以亡也亂而不恭所以刑也爭而不讓所以兵也謂兵刃見及也三者謂驕亂爭也不除言在身也三牲牛羊豕也繇固也三者在身死亡將至既自受禍父母蒙患雖日用三牲供養固爲不孝也

御註 當莊敬以臨下也當恭謹以奉也醜衆也爭競也當和順以從衆也謂以兵刃相加也三牲太牢也孝以不毀爲先言上三事皆可亡身而不除之雖日致太牢之養固非孝也

嘗冬丞
禮檀弓擗踊哀之
至也疏撫心爲擗
跳躍爲踊

疏此言居上者不可爲驕溢之事爲臣下者不可可爲撓亂之事在醜輩之中不可爲忿爭之事是以居上須去驕不去則危亡也爲下須去亂不去則致刑辟在醜輩須去爭不去則兵刃或加於身若三者不除雖復日日能用三牲之養終貽父母之憂猶爲不孝之子也

刋誤此一節釋始於事親及不敢毀傷之意乃傳之七章亦格言也

五刑章第十四

疏此章五刑之屬三千案舜命皐陶云汝作士明於五刑又禮記問喪云喪多而服五罪多而刑五以其服有親疎罪有輕重也故以名章以前章有驕亂忿爭之事言此罪惡必及刑辟故此次之〇今文十一章

子曰五刑之屬三千而辠莫大於不孝要君者亡上非聖人者亡法非孝者亡親此大亂之道也辠古罪字今文作罪要於遙反亡音無

大辟之下脫其三千條墨辟之屬千之九字

宮刑婦人幽諸一室使不得出也

正義五刑唐虞以來皆有之矣未知上古起自何時三千之條首自周穆王始也

傳五刑謂墨劓剕宮大辟也其額墨之也劓辟之屬千截其鼻也剕辟之屬五百斷其足也宮辟之屬三百割其勢也大辟之屬二百死刑也凡五刑之屬三千也言不孝之辜大於三千之刑也[illegible]者謂居上而驕爲下而亂在醜而爭之比也要謂約勒也君者所以稟命也而要之此有無上之心者也聖人制法所以爲治也而非之此有無法之心者也孝者親之至也而非之此有無親之心者也三者皆不孝之甚也此無上無法無親也言其不恥不仁不畏不誼爲大亂之本不可不絕也凡爲國者利莫大於治害莫大於亂亂之所生生於不祥上不愛下下不供上則不祥也羣臣不用禮誼則不祥也有司離法而專違制則不祥也故法者至道也聖君之所以爲天下儀存亡治亂之所出也君臣上下皆發焉是以明王置儀設法而固守之卿相不得存其私羣臣不得便其親百官之事案以法則姦不生暴慢之人繩以法則禍亂不起夫能生法者明君也能守法者忠臣也能從法者良民也

御註 五刑謂墨劓剕宮大辟也條有三千而罪之大者莫過不孝君者臣之稟命也而敢要之是無上也聖人制作禮樂而敢非之是無法也善事父母爲孝而敢非之是無親也言人有上三惡豈唯不孝乃是大亂之道

疏 五刑者言刑名有五也三千者言所犯刑條有三千也所犯雖異其罪乃同故言之屬以包之就此三千條中其不孝之罪尤大故云而罪莫大於不孝也凡爲人子當須遵承聖教以孝事親以忠事君君命宜奉而行之敢要之是無心遵於上也聖人垂範當須法則今乃非之是無心法於聖人也孝者百行事親爲先今乃非之是無心愛其親也卉木無識尚感君政禽獸無禮尚知戀親況在人靈而敢要君不孝也逆亂之道此爲大焉故曰此大亂之道也

刊誤 此一節因上文不孝之云而繫於此乃傳之八章亦格言也

廣要道章第十五

疏 前章明不孝之惡罪之大者及要君非聖人此乃禮教

韋昭曰人之性繫於大人大人風声故謂之風隨其趨舍之情欲故謂之俗

不容廣宣要道以教化之則能變而爲善也首章略云至德要道之事而未詳悉所以於此申而演之皆云廣也故以名章次五刑之後要道先於至德者謂以要道施化化行後徧彰亦明道德相成所以互爲先後也○今文十二章

子曰教民親愛莫善於孝教民禮順莫善於弟移風易俗莫善於樂安上治民莫善於禮弟大計反今文作悌

傳孝者愛其親以及人之親孝行著而愛人之心存焉故欲民之相親愛則無善於先教之以孝也弟者敬其兄以及人之長能弟者則能敬順於人者也故欲民之以禮相順則無善於先教之以弟也風化也俗常也移太平之化易衰弊之常也樂五聲之主盪滌人之心使和易專一由中情出者也故其聞之者雖不識音猶屏息靜聽深思遠慮其知音則循宮商而變節隨角徵以改操是以古之教民莫不以樂以主皆爲無尚之故也言禮最其善孝弟之實用也國無禮則上下亂而貴賤爭賢

者失所不肖者蒙幸是故明王之治崇等禮以顯之設爵級以休之班祿賜以勸之所以政成也

御註 言教人親愛禮順無加於孝悌也風俗移易先入樂聲變隨人心正由君德正之與變因樂而彰故曰莫善於樂禮所以正君臣父子之別明男女長幼之序故可以安上化下也

疏 此夫子述廣要之義言君欲教民親於君而愛之者莫善於身自行孝也君能行孝則民效之皆親愛其君欲教民禮於長而順之者莫善於身自行悌也人君行悌則人效之皆以禮順從其長也欲移易風俗之弊敗者莫善於聽樂而正之欲身安於上民治於下者莫善於行禮以帥之

禮者敬而已矣故敬其父則子說敬其兄則弟說敬其君則臣說敬一人而千萬人說所敬者寡而說者衆此之謂要道也 說音悅

傳 禮主於敬敬出於孝弟是故禮經三百威儀三千皆殊事而合敬異流而同歸也此言先王以子

弟臣道化天下而天下子弟臣說喜也教之以孝是敬其父教之以弟是敬其兄教之以臣是敬其君也上說所以施敬之事此總而言也一人者各謂其父兄君千萬人者羣子弟及臣也寡謂一人也衆謂千萬人也以孝道化民此其要者矣所以說成敬一人之誼也

【御注】敬者禮之本也居上敬下盡得懽心故曰悅也

【疏】此承上莫善於禮也言禮者敬而已矣謂禮主於敬也又明敬功至廣是要道也其要正以謂天子敬人之父則其子皆悅敬人之兄則其弟皆悅敬人之君則其臣皆悅此皆敬父兄及君一人則其子弟及臣千萬人皆悅故其所敬者寡而悅者衆即前言所言先王有至德要道者皆此義之謂也

【刊誤】此一節釋要道之意當爲傳之二章但經所謂要道當自己而推之與此亦不同也

廣至德章第十六

【疏】首章標至德之目此章明廣至德之義故以名章次廣

漢晉小顏注三老通天地人老人也更老人之稱通五行老人也各一人而已

祭義註祖而割牲祖袒衣而割制牲體爲俎實也饋進食也酳食畢而以酒虛口也

要道之後
今文十三章

子曰君子之教以孝也非家至而日見之也教以孝所以敬天下之爲人父者也教以弟所以敬天下之爲人兄者也教以臣所以敬天下之爲人君者也弟大計反今文作悌

傳此又所以申明上章之誼焉言君子之教民以孝非家至而日見語之也君子亦謂先王也夫蛟龍得水然後立其神聖人得民然後成其化也所謂敬其父則子說也以孝道教即是敬天下之爲人父者也所謂敬其兄則弟說也以弟道教即是敬天下之爲人兄者也所謂敬其君則臣說也以臣道教即是敬天下之爲人君者也古之帝王父事三老兄事五更君事皇尸所以示子弟臣人之道也及其養國老則天子祖而割牲執醬而饋之執爵而酳之盡忠敬於其所尊以大化天下焉皇

朱傳舊說以爲召康公戒成王言遠酌彼行潦挹之於彼而注之於此尚可以餴饎況豈弟之君子豈不爲民之父母乎

君也事尸者謂祭之象者也尸即所祭之像故臣子致其尊嚴也三老者國之舊德賢俊而老所從問道誼故有三人焉五更者國之臣更習古事博物多識所從諮道訓故有五人焉

御註 言教不必家到戶至日見而語之但行孝於內其化自流於外舉孝悌以爲教則天下之爲人子弟者無不敬其父兄也舉臣道以爲教則天下之爲人臣者無不敬其君也

疏 此夫子述廣至德之義言聖人君子教人行孝事其親者非家家悉至而日見之但教之以孝則天下之爲人父者皆得其子之敬也教之以悌則天下之爲人兄者皆得其弟之敬也教之以臣則天下之爲君者皆得其臣之敬也

詩云愷悌君子民之父母非至德其孰能訓民如此其大者乎 訓今文作順 愷苦亥反 悌大計反

傳 詩大雅泂酌之章也愷樂悌易也言君子敬以持身樂易于人其貴老慈幼忠愛之心似民父母

故以此詩明之也孝之爲德其至矣故非有孝德其誰能以孝教民如此其大者乎言數德以化下下皆順而從之也

御註 愷樂也悌易也義取君以樂易之道化人則爲天下蒼生之父母也

疏 夫子既述至德之教已畢乃引大雅泂酌之詩以贊美之愷樂也悌易也言樂易之君子能順民心而行教化乃爲民之父母若非至德之君其誰能順民心如此其廣大者乎孰誰也按禮記表記稱子言之君子所謂仁者其難乎詩云愷悌君子民之父母愷以强教之悌以說安之使民有父之尊有母之親如此而後可以爲民父母矣非至德其孰能如此乎此章於孰能下加順民如此下加其大者與表記爲異其大意不殊而皇侃以爲并結要道至德兩章或失經旨也劉炫以爲詩美民之父母證君之行教未證至德之大故於詩下别起歎辭所以異於餘章頗近之矣

刊誤 此一節釋至德以順天下之意當爲傳之首章然所論至德語意亦疎如上章之失云

應感章第十七

[疏] 此章言天地明察神明彰矣又云孝悌之事通於神明皆是應感之事也前章論諫爭之事言人王若從諫爭之善必能脩身慎行致應感之福故以名章次於諫爭之後○今文爲感應十六章在諫諍章之下

子曰昔者明王事父孝故事天明事母孝故事地察長幼順故上下治天地明察鬼神章矣鬼神今文作神明章作彰

長丁丈反 治直吏反

[傳] 孝謂立宗廟豐祭祀也王者父事天母事地能追孝其父母則事天地不失其道不失其道則天地之精爽明察矣謂克明厥德以親九族也長者於王父兄之列也幼者於王子弟之屬也能順其長幼之節則親踈有序而以之化天下上下不亂也章著也天地既明察則鬼神之道不得不著也謂人神不擾各順其常禍災不生也

御註王者父事天母事地言能敬事宗廟則事天地能明察也君能尊諸父先諸兄則長幼之道順君人之化理事天地能明察則神感至誠而降福佑故曰彰也

疏此章夫子述明王以孝事父母能致感應之事言昔者明聖之王事父能孝故事天能明言能明天之道故易說卦云乾爲天爲父此言事父孝故能事天明是事父之孝通天也事母能孝故事地能察言能察地之理故說卦云坤爲地爲母此言事母孝故事地察則是事母之道通於地也明王又於宗族長幼之中皆順於禮則凡在上下之人皆自化也又明王之事天地既能明察必致福應則神明之功彰見謂陰陽和風雨時人無疾厲天下安寧也經稱明王者二焉一曰昔者明王之以孝治天下也二即此章言昔者明王事父孝俱是聖明之義與先王爲一也言先王示及遠也言明王示聰明也

故雖天子必有尊也言有父也必有先也言有兄也

患亡所依歸爲天詬之后

必有長也宗廟致敬不忘親也脩身慎行恐辱先也宗廟致敬鬼神著矣孝弟之至通於神明光於四海亡所不暨長丁丈反必有長也四字今文無行下孟反弟大計反今文作悌亡音無今文作無暨其器反今文作通

疏更申覆上誼也天子雖尊猶尊父事死如事生宗廟致敬是也說所以事父母之道也立廟設主以象其生存潔齊敬祀以追孝繼思脩行揚名以顯明祖考皆孝敬之事也所以不敢不勉爲之者恐辱其先祖故也上句言天地明察鬼神以章此句言宗廟致敬鬼神以著言上下各致敬以祀其先人則鬼神有所依歸不相干犯也言無凶癘也光充也暨及也明王以孝治天下則癘鬼爲之不神不神者不爲患害也其精神徵應如此故曰通於神明又充塞于天地之間焉無所不及言普洽也

御註 父謂諸父，兄謂諸兄，皆祖考之胤也。禮，君讌族人，與父兄齒也。言能敬事宗廟，則不敢忘其親也。天子雖無上於天下，猶脩持其身，謹慎其行，恐辱先祖而毀盛業也。事宗廟能盡敬，則祖考來格，享於克誠，故曰著也。能敬宗廟，順長幼，以極孝悌之心，則至性通於神明，光于四海，故曰無所不通。

疏 故者，連上起下之辭。以上文云事父孝，又云事母孝，又云長幼順，所以於此述尊父先兄之義，以及致敬與修身之道，兼言鬼神之著，孝悌之至，無所不通也。言王者雖貴爲天子，於天下宗廟之中，必有所尊之者，謂天子有諸父也；必有所先之者，謂天子有諸兄也。宗廟致敬，是不忘其親；修身慎行，是不辱其祖考。故能致敬於宗廟，則鬼神明著而歆享之。是明王有孝悌之至性，感通神明，則能光于四海，無所不通。然諫諍兼有諸侯、大夫，此章惟稱王者，言王能致應感，則諸侯以下亦當自勉勗也。

詩云：「自東自西，自南自北，亡思不服。」自東自西，今文作自西自東。亡鎬京，周武所都。辟雍，天子學校也。四面在水，而若璧，故名焉。

喚周而爲西鄰，出周書。

音無，今文作無。

傳 詩大雅文王有聲之章也。美武王孝德之至，而四方皆來服從，與先于四海，無所不暨。誼同，故舉以明此誼也。

御註 義取德教流行，莫不服義從化也。

疏 夫子述孝悌之行，愛敬之美，既畢，乃引大雅文王有聲之詩，以贊美之，自從也。夫從邇及遠，至於四方，皆感德化，無有思而不服者，以明無所不通。詩今文云：鎬京辟雍，自西自東，自南自北，無思不服。此則雍東北服對句爲韵，而皇侃云：先言西者，此是周施德化，從西起，所以文王爲西伯，又爲西鄰，自西而東，商紂恐非其西也。

刊誤 此一節，釋天子之孝，亦格言焉，當爲傳之十章。

廣揚名章第十八 疏 章略言揚名之義，而未審於此廣之，故以名章，次至

孝之流字
下上子

舜父瞽瞍惑於后妻將殺舜弟名象畢出虞呑

德之後。〇今文爲十四章在廣至德章之下

子曰君子事親孝故忠可移於君事兄弟故順可移於長居家理故治可移於官是以行成於內而名立於後世矣弟大計反長丁丈反治直吏反行下孟反

傳能孝於親則必能忠於君矣求忠臣必於孝之門也善事其兄則必能順於長矣忠出于孝順出于弟故可移事父兄之忠順以事於君長也能理於家者則其治用可移於官君子之於人內觀其事親所以知其事君內察其治家所以知其治官是以言治者必效之以其實舉人者必試之以其官故虛言不敢自進不肖不敢處官也孝弟之行事父兄也而忠順出焉能理于其家閨門事也而治官出焉所謂行成於內而名立於後世也昔虞舜生於畎畝父頑母嚚弟又很傲用能理率行孝道烝烝不息天下推之萬姓詠之彌歷千載而聲聞不亡所謂揚名後世以顯父母也

此章御註闕焉
正誼司馬貞誼曰今文孝經是漢河間王所得顏芝本至劉向以此參校古文省除繁文定此一十八章其注相承云是鄭玄所作云云古文二十二章元出孔壁先是安國作傳緣遭

【御註】以孝事君則忠以敬事長則順君子所居則化故可移於官也脩上三德於內名自傳於後代

【疏】此夫子廣述揚名之義言君子之事親能孝者故資孝爲忠可移孝行以事君也事兄能悌者故資悌爲順可移悌行以事長也居家能理者故資治爲政可移於積以施於官也是以君子居能以此善行成之於內則令名立於身沒之後也先儒以爲居家理下闕一故字御註加之

【刊誤】此一節釋立身揚名及士之孝傳之十一章也

閨門章第十九 此章今文無之

子曰閨門之內具禮矣乎嚴親嚴兄妻子臣妾繇百姓徒役也 繇音由

【傳】上章陳孝道既詳故於此都目其爲具禮矣夫禮經國家定社稷序人民利後嗣者也君子脩孝於閨門而事君事長以治官之誼備存焉所以言具禮之事也嚴親孝也嚴兄弟也孝以事君弟以事

要義未之行也翔集注之時尚未見孔傳中朝遂亡其本近儒欲崇古學妄作傳假稱孔氏輒穿鑿改更又僞作閨門章劉炫詭隨妄稱其善且閨門之義近俗之語必非宣尼正說

長而忠順之節著矣臣謂家臣僕也故家人有嚴君焉父之謂也父謂嚴君而兄爲尊長則其妻子臣妾猶百姓徒役是故君子役私家之內而君人之禮具矣

【刊誤】此一節因上章三可移而傳之十二章也嚴父孝也嚴兄弟也妻子臣妾官也

諫爭章第二十

【注】此章言爲臣子之道若遇君父有失皆諫諍也曾子問聞揚名已上之義而問子從父之令夫子以令有善惡不可盡從乃爲述諫爭之事故以名章次揚名之後〇今文爭作諍爲十五章在廣揚名章之下

曾子曰若夫慈愛龔敬安親揚名參聞命矣敢問子從父之令可謂孝乎 夫音扶龔與恭同今文作恭參所金反今文作則命作令

【疏】慈愛者所以接下也恭敬者所以事上也安親揚名者孝子之行也曾子稱名曰參既得聞此命也疑思問也夫親愛禮順非違命之謂也以爲於諠有闕是以問焉

御註事父有隱無犯又敬不違故疑而問之

疏前章以來唯論愛敬及安親之事未說規諫之道故又假曾子之問曰若夫慈愛恭敬安親揚名則已聞命矣敢問子從父之敎令亦可謂之孝乎疑而問之故稱乎也尋上所陳唯言敬愛未及慈恭而曾子并言慈恭已聞命矣者皇侃以爲上陳愛敬則包於慈恭矣慈者孜孜愛者念惜恭者貌多心少敬者心多貌少如侃之說則慈恭愛敬之別何故云包慈恭也或曰慈者接下之別名愛者奉上之通稱劉炫引禮記內則說子事父母慈以旨甘喪服四制云高宗慈良於喪莊子曰事親則孝慈此並施於事上夫愛出於內慈爲愛體敬生於心恭爲敬貌此經悉陳事親之迹寧有接下之文夫子據心而爲言所以唯稱愛敬曾參體貌而兼取所以并舉慈恭如劉炫此言則知慈是愛親也恭是敬親也安親則上章云故生則親安之揚名即上章云揚名於後世矣經稱夫有六焉蓋發言之端也一曰夫始於事親二曰夫孝德之本三曰夫孝人之經四曰夫然故生則親安之五曰夫

聖人之德此章云若夫慈愛並却明前理而下有其趣故言夫以起之劉瓛曰夫猶凡也

子曰參是何言與是何言與言之不通邪昔者天子有爭臣七人雖亡道不失天下諸侯有爭臣五人雖亡道不失其國大夫有爭臣三人雖亡道不失其家士有爭友則身不離於令名父有爭子則身不陷於不誼故當不誼則子不可以不爭於父臣不可以不爭於君故當不誼則爭之從父之命又安得爲孝乎

與音餘邪音耶參字及言之不通邪凡六字今文無爭音諍亡音無今文作無離力智反誼今文作義命作令安作焉

傳再言之者非之深也可否相濟謂之和以水濟水謂之同和實生民同則不繼務在不違同也從

尚書大傳古者天子必有四鄰前曰疑後曰丞左曰輔右曰弼天子有問无對責之疑可志而不志責之丞可正而不正責之輔可揚而不揚責之弼

是爭非和也曾子魯鈍不推致此誼故謂之不通也七人謂三公及前疑後丞左輔右弼也凡此七官主諫正天子之非也無道者不循先王之至德要道也不失天下言從諫也帝王之事一日萬機萬機有闕天子受之禍故立諫爭之官以匡已過過而能改善之大者也故凡諫所以安上猶食之肥體也主逆諫則國亡人皆食則體瘠也自上以下降殺以兩故五人五人謂天子所命之孤卿及國之三卿與大夫也誰非聖人不能無敎從諫如流斯不亡失也三人謂家相宗老側室也皆謂能受正諫善補過也天子王有四海故以天下爲稱諸侯君臨百姓故以國爲名大夫祿食采邑故以家爲號凡此皆周之班制也同志爲友士以道誼相切磋者故有非則忠告之以善道謂之爭友不離善名言常在身也父有過則子必安幾諫見志而不從起敬起孝說顏說色則復諫也又不從則號泣而從之終不使父陷于不誼而已則孝子之道也當値也値父有不誼之事子不可以不諫爭也事君之禮値其有非必犯嚴顏以道諫爭三諫不納奉身以退有匡正之忠無阿順之從良臣之

優俺侏儒俳優闒人茸人皆人主弄臣也

節也若乃見可諫而不諫謂之尸位見可退而不退謂之懷寵懷寵尸位國之姦人也姦人在朝賢者不進苟國有患則優俺侏儒必起誼國事矣是謂人主歐國而捐之也從命不得爲孝則諫爲孝矣故臣子之於君父值其不誼則必諫爭所以爲忠孝者也重見當其不誼也夫臣能固爭至忠子能固諫至孝也人主忌忠謂之不君人父忌孝謂之不父忌忠孝則大亂之本也

御註 有非而從成父不義理所不可故再言之降殺以兩尊卑之差爭謂諫也言雖無道爲有爭臣則終不至失天下亡家國也令善也益者三友言受忠告故不失其善名父失則諫故免陷於不義

不爭則非忠孝

疏 夫子以曾參所問於理乖僻陳諫爭之義因乃誚而答之曰汝之此問是何言與再言之者明其深不可也既誚之後乃爲曾子說必須諫爭之事言臣之諫君子之諫父自古攸然故言昔者天子治天下有諫爭之臣七人雖復無道昧於政教不至失於天下言無道者謂無道德諸侯有諫爭之

臣五人雖無道亦不失其國也大夫有諫爭之臣三人雖無道亦不失於其家士有諫爭之友則其身不離遠於善名也父有諫爭之子則身不陷於不義故君父有不義之事凡爲臣子者不可以不諫爭以此之故當不義則須諫之又結此以答曾子曰今若每事從父之令又焉得爲孝乎言不得也按曾子唯問從父之令不指當時而言昔者皇侃云夫子述孝經之時當周亂衰之代無此諫爭之臣故言昔者也不言先王而言天子者諸稱先王皆指聖德之主此言無道所以不稱先王也

刊誤 此不解經而別發一義宜爲傳之十三章

事君章第二十一

疏 此章首言君子之事上又言進思盡忠退思補過皆是事君之道孔子曰天下有道則見無道則隱前章言明王之德應感之美天下從化無思不服此孝子在朝事君之時也故以名章次應感之後○今文爲十七章在應感章之下

子曰君子之事上也進思盡忠退思補過將順其美

獻可進賢者替否退不肖也

課猶試

臣救其惡故上下能相親也

傳上謂君父此之謂君子以德稱也有君子之德而在下位固所以宜事君也進見於君則必竭其忠貞之節以圖國事直道正辭有犯無隱退還所職思其事宜獻可替否以補主過所以爲忠君有過而臣不行謂之補過也將行也宜行其法令順之而不逆君有過臣擧言而匡之救其邪辟之行使不至於惡此臣之所以爲功也故明王審言敎以淸法案分職以課功立功者賞亂政者誅誅賞之所加各得其宜也道主以先王之行拯主於無過之地君臣並受其福上下交和所謂相親是故詳才量能講德而擧上之道下也盡忠守節謨明弼諧下之事上也爲人君而下知臣事則有司不任爲人臣而上專主行則上失其威是以有道之君務正德以涖下而下不言知能之術知能下所以供上也所以用知能者上之道也故不言知能而政治者善人擧官人得視聽者衆也夫人君坐萬物之源而官諸生之職者也上有其道下守其職上下之分定也

君子之下脫遐不謂矣言謂之也君子忠

御注 上謂君也進見於君則思盡忠節君有過失則思補益將行也君有美善則順而行之匡正也救止也君有過惡則正而止之下以忠事上上以義接下君臣同德故能相親

疏 此明賢人君子之事君也言入朝進見與謀慮國事則思盡其忠節若退朝而歸常念已之職事則思補君之過失其於政化則當順行君之美道止正君之過惡如此則能君臣上下情志通協能相親也經稱君子有七焉一曰君子不貴二曰君子則不然三曰淑人君子四曰君子之教以孝五愷悌君子已上皆斷章指於聖人君子謂居君位而子下人也六曰君子之事親孝故此章君子之事上則皆指於賢人君子也

詩云心乎愛矣遐不謂矣忠心藏之何日忘之今文忠作中臧作藏臧子郎反

傳 君子忠臣實善則何日豈忘謂其上乎言每欲語之也君子事上誼與詩同故取以明之此詩小

識愛其上則遠來以善事語之此十五字

閒傳鄭注三曲一舉聲而三折也偯聲余從容也是偯爲聲余裊曲也斬

雅隰桑之章也

御註 退遠也義取臣心愛君雖離左右不謂爲遠愛君之志恒藏心中無日暫忘也

疏 夫子述事君之道既已乃引小雅隰桑之詩以結之言忠臣事君雖復有時離遠不在君之左右然其心之愛君不謂爲遠中心常藏事君之道何日暫忘之

刊誤 此一節釋忠於事君之意當爲傳之九章因上章爭臣而誤屬於此耳進思盡忠退思補過亦左傳所載士貞子語然於文理無害引詩亦足以發明移孝事君之意今並存之

喪親章第二十二

疏 此章首云孝子之喪親也故章中皆論喪親之事喪亡也失也父母之亡沒謂之喪親言孝子亡失其親也故以名章結之於末矣○今文十八章

子曰孝子之喪親也哭不依禮亡容言不文服美不安聞樂不樂食旨不甘此哀戚之情也三日而食教

哀閔不依也
喪服四制三年之喪君不言云云不言而行事者扶而起言而后行事者杖而起

禮指問喪毀竆以下見檀弓

民亡以死傷生也毀不滅性此聖人之正也喪不過三年示民有終也今文依作依亡作無正作政亡音無不樂音洛

傳 父母沒斬衰居憂謂之喪親也斬衰之哭其聲若往而不反無依違餘音也喪事質素無容儀所以主於哀也發言不文飾其辭也斬衰之言唯而不對所以為不文也夫唯不安故不服也美謂錦繡盛服也先王制禮稱情立文凶服象其憂吉服象其樂各所以表飾中情也是以衰麻在身即有悲哀之色端冕在身即有矜莊之色介胄在身即有可畏之色也旨亦美也其不樂故不聽不美故不食孝子思慕之至也所以解上六句之誼明有內發非虛加也禮親終哭踊無數水漿不入口毀竈不舉火既斂之後鄰里為之饘粥以飲食之三日以終者聖人立制足文理不以死傷生也孝子在喪可以毀瘠杖然後起而不可滅性滅性謂不勝喪而死不勝喪則此比於不孝此聖人正制也孝子有終身之憂然三年之喪二十五月而畢服節雖關心弗之忘若遂其本性則是無竆也故以

正義觸地無容問喪之文也以其悲哀在心故形變於外所以稽顙觸地無容哀之甚也矣孝子擗踊如斬截爲其不安美飾故聖人制乱令服縗麻當以麻布長六寸廣四寸爲縗腰絰首絰俱以麻爲之縗之言摧也絰之言實也孝子服之明其心實摧痛也

白虎通棺之言完也宜完密也椁之言廓也謂開廓使土侵棺也

禮取中制爲三年使賢者俯就不肖者企及所以示民有竟之限也

【御註】生事已畢死事未見故發此事氣竭而息聲不委曲觸地無容不爲文飾不安美飾故服縗麻悲哀在心故不樂也旨美也不甘美味故蔬食水飲謂上六句不食三日哀毀過情滅性而死皆虧孝道故聖人制禮施教不令至於殞滅三年之喪天下達禮使不肖企及賢者俯從夫孝子有終身之憂聖人以三年爲制者使人知有終竟之限也

【疏】此夫子述喪親之義言孝子之喪親哭以氣竭而止不有餘偯之聲舉措進退之禮無趨翔之容有事應言則言不爲文飾服美不以爲安聞樂不以爲樂假食美味不以爲甘此上六事皆哀戚之情也三日而食者聖人設教無以親死多日不食傷及生人雖即毀瘠不令至於殞滅性命此聖人所制喪禮之政也又服喪不過三年示民有終畢之限也

爲之棺椁衣衾以舉之陳其簠簋而哀戚之哭泣擗

孝經乙卷之下　七五

禮乃檀弓也

邢疏衣謂襲與大小斂之衣也衾謂單被覆尸薦尸所用從初死至大斂凡三度加衣一是襲也謂沐尸竟著衣也天子十二稱公九稱諸侯七稱大夫五稱士三稱襲皆有袍之上又有衣一通朝祭之服謂之一稱二是小斂之衣也天子至士皆十九稱不復用袍衣皆有絞也三是大斂也天子百二十稱公九十稱諸侯七十稱大夫五十稱士三十稱皆禪袷也三禮圖內方外圓曰簠足高二寸漆

踊哀以送之卜其宅兆而安措之為之宗廟以鬼享之春秋祭祀以時思之棺音官槨音郭簠音甫簋音軌今文戚作慼哭泣擗踊作擗踊哭泣擗婢亦反亨許丈反今文作享同

傳 禮為死制椁椁周於棺棺周於衣衣周於身衣即斂衣衾被也舉尸內之棺椁也簠簋祭器盛黍稷者祭器陳列而不御黍稷潔盛而不毀孝子所以重增哀戚也搥心曰擗跳曰踊所以泄哀也男踊女擗哀以送之送墓始死牖下浴於中霤斂於牖下斂於戶內殯於客位祖奠於庭送葬於墓彌以即遠也卜其葬地定其宅兆兆謂塋域宅謂穴措置也安置棺椁於其穴卜葬地者孝子重慎恐其下有伏石漏水後為市朝遠防之也三年喪畢立其宗廟用鬼禮享祀之也言春則有夏言秋則有冬舉春秋而四時之誼存矣春雨既濡君子履之必有怵惕之心感親而脩祭焉所謂以時思之也

御註 周尸為棺周棺為椁衣謂斂衣衾被也舉謂舉屍內於棺也簠簋祭器也陳奠素器而不見親

赤中外方內圓曰簋足高二寸挫其內角漆赤中

正謂擗問喪在牀曰尸在棺曰柩動尸舉柩哭踊无數惻怛之心痛疾之意悲哀志懣氣盛故袒而踊之婦人不宜袒故發胷擊心爵踊殷殷田田如壞牆然則是女質不宜極踊故以擗言之據此女既有踊則男亦有擗是互文也

祔謂以亡者之神附之于祖也

故哀感也男踊女擗祖載送之宅墓穴也兆塋域也葬事大故卜之立廟祔祖之後則以鬼禮享之寒暑變移益用增感以時祭祀展其孝思也

【疏】此言送終之禮及三年之後宗廟祭祀之事也言孝子送終須爲棺槨衣衾也大斂之時則用衾而舉尸內於棺中也陳設簠簋之奠而加哀感葬則男踊女擗哭泣哀號以送之親既長依丘壟故卜選宅兆之地而安置之既葬之後則爲宗廟以鬼神之禮享之三年之後感念於親春秋祭祀以時思之也

生事愛敬死事哀戚生民之本盡矣死生之誼備矣孝子之事終矣今文誼作義之事下有親字

【傳】父母生則事之以愛敬死則事之以哀戚糾撮上章之要也謂立身之道盡於孝經之誼也事死事生之誼備於是也言爲孝子之道終竟於此篇也

御註 愛敬哀慼，孝行之始終也。備陳死生之義，以盡孝子之情。

疏 此合結生死之義。言親生則孝子事之盡於愛敬，親死則孝子事之盡於哀慼，生民之宗本盡矣，死之義理備矣，孝子之事親終矣。言十八章具載有此義。

孝經集覽卷之下 終

山本喜六著

乙未安永四年正月　　　　刻成

嗣出著述目録

分類歷代百官志

分類日本百官志

義士雪寃并附録

太禮蒙誌流

演義十六國志

寛政二年庚戌春

江戸　書肆嵩山房

小林新兵衛梓行

作者及版本

片山兼山（一七三〇—一七八二），名世璠，字叔瑟，通稱藤藏、東造或冬藏。出生於上野國多野郡平井村（現爲群馬縣藤岡市）的一個農家。十七歲入江户跟隨徂徠學派人物服部南郭學古文辭，巧遇細川家儒臣秋山玉山並成爲知己，遂於寶曆五年（一七五五）左右入學熊本時習館修業五年。學風從徂徠學到朱子學，歸江户經人斡旋，爲供職徂徠門人宇佐美灊水的養子。此間對徂徠學疑問重重，一系列的徂徠學批判使養父不快，後分離復舊姓，避徂徠學，尋先秦制度風俗，背離徂徠學的考證，自立山子學。著作有《古文互證》二十四卷，以及對徂徠學的批判文集《山子垂統》等。

《孝經參疏》爲四孔線裝和式刻本。書高二十六厘米，共一册。封面題簽「古文孝經參疏」。内封印有「兼山先生著、千里必究、古文孝經參疏、寬政元年己酉新刻、東京嵩山房梓」字樣。正文前有《古文孝經孔傳參疏序》一篇，由葛山壽作於寬正元年（一七八九）。正文每頁九行，每行十七個字，正文用大字體，疏文字小於正文字，以每行兩列排印，每列分爲十七個字。天頭偶見注文，無蟲蛀，便於閲讀。

山本北山（一七五二—一八一二），名信有，字天禧，通稱喜六，號北山、奚疑翁、竹堤隱逸等。出生於江户武家。早年喪父，爲賢母教育。明和三年（一七六六）十五歲隨山崎桃溪學句讀，念《孝經》。後自學四書五經。不偏一家學，服膺井上金峨折衷學，隨學井上《孝經集説》。安永四年（一七七五）著《孝經集覽》，揚名天下。

《孝經集覽》四孔線裝和式刻本。分上下兩册。封面題簽孝經集覽。内封印有「北山先生輯，孝經集覽二册，安永四年，乙未新鐫，奚疑塾藏，不許翻刻，千里必究」字樣。正文前收山本北山《孝經集覽序》、太宰純《古文孝經序》、孔安國《古文孝經序》，玄宗皇帝《孝經序》、邢昺《孝經注疏序》。正文每頁十行，每行二十字，大字排《孝經》文，其次爲山本北山「乙輯」文，略小於正文，每行十九個字。其次孔安國傳、唐玄宗注、邢昺疏，朱熹刊誤爲小字，每行兩列排印，每列十九個字。文頭分别小四方塊，黑底白字「傳」「乙」「御注」「正義」「邢疏」「刊誤」。天頭有注，少有蟲蛀，字體清晰，便於易認，雖有訓讀符號，但不礙閲讀。